그대,
늦었다고
걱정 말아요

그대, 늦었다고 걱정 말아요

초판 1쇄 발행 2015년 9월 1일

지 은 이	감민철
발 행 인	권선복
편집주간	김정웅
편 집	정희철
디 자 인	김소영
전 자 책	신미경
마 케 팅	정희철
발 행 처	도서출판 행복에너지
출판등록	제315-2011-000035호
주 소	(157-010) 서울특별시 강서구 화곡로 232
전 화	0505-613-6133
팩 스	0303-0799-1560
홈페이지	www.happybook.or.kr
이 메 일	ksbdata@daum.net

값 13,800원

ISBN 979-11-5602-279-4   03190

도서출판 행복에너지는 독자 여러분의 아이디어와 원고 투고를 기다립니다. 책으로 만들기를 원하는 콘텐츠가 있으신 분은 이메일이나 홈페이지를 통해 간단한 기획서와 기획의도, 연락처 등을 보내주십시오. 행복에너지의 문은 언제나 활짝 열려 있습니다.

내 인생 최고의 날은 아직 오지 않았다!

그대,
늦었다고
걱정 말아요

감민철 지음

도서
출판 행복에너지

차례

프롤로그 축복은 고난을 변장하여 우리를 찾아온다 · 8

Part 1
청춘은 아프기에 아름답다

CHAPTER 1. 혼자라고 느낄 때 가장 강해진다

만남은 이별을 예고한다 · 15

아픔은 사랑의 다른 말이다 · 21

가족과 함께하는 모든 순간이 기적이다 · 30

최선을 다한 그대에게 박수를 · 39

때론 인생에도 쉼표가 필요하다 · 51

CHAPTER 2. 특전사, 진짜사나이 프로젝트

논산훈련소, 최고령 훈련병 · 61

난 대한민국 '이등병'이다 · 67

특전사의 꽃, 공수훈련 · 71

군 생활은 또 다른 사회생활이다 · 77

누구도 알려주지 않는 군대 내 자기계발 노하우 · 81

세상에는 나를 좋아하는 사람만 있는 것이 아니다 · 90

조언 한마디로 해외파병을 이루어내다 · 92

군대 내 가혹행위, 그 대물림을 끊어라 · 94

등록금 마련을 하고 싶다면 유급지원병에 도전하라 · 97

단결! 전역을 명받았습니다 · 99

CHAPTER 3. 한국의 월가, 여의도에 입성하다

늦깎이 취업준비생의 고군분투기 · 104

스펙은 NO, 경험은 OK · 109

1년도 안 돼서 첫 직장에 사표를 쓰다 · 119

절망 가운데 희망을 노래하다 · 124

합격하는 자기소개서는 다르다 · 130

넌 구글에 출근하니? 난 'NICE'에 출근한다 · 140

Part 2
청춘이 최고의 스펙이다

CHAPTER 4. 생각하는 대로 살지 않으면 사는 대로 생각하게 된다

바보들만 모르는 성공 키워드 · 153

나에 대한 고정관념을 깨라 · 157

행복은 선택할 수 있다 · 161

열정이 나를 뛰게 하라 · 164

꿈은 포기하지 않으면 배신하지 않는다 · 168

당신의 경쟁자는 누구인가요? · 171

인생은 실패할 때가 아니라 포기할 때 끝난다 · 176

이 또한 지나가리라 · 179

CHAPTER 5. 누가 뭐래도 네가 가는 길이 맞다고 생각해

열등감은 성공을 위한 지렛대가 될 수 있다 · 184

자기의 타이밍을 기다리며 담담히 노력하자 · 192

1톤의 생각보다 1그램의 행동이 중요하다 · 196

9회 말 역전 만루 홈런의 주인공이 되라 · 199

다른 재능이 없으면 공부에 올인(All-In)하라 · 203

간판 없는 당신의 가치는 얼마인가요? · 208

인생에는 정답이 없다 · 213

CHAPTER 6. 내 인생 최고의 날은 아직 오지 않았다

성공이 당신을 따르게 하라 · 219

나의 청춘은 아직도 현재진행형이다 · 225

가슴을 뛰게 하는 나의 버킷리스트 · 231

부록 1. 당신도 신용관리의 고수가 될 수 있다 · 238

부록 2. 신용등급관리 10계명(금융감독원) · 244

에필로그 · 248

출간후기 · 252

축복은
고난을 변장하여 우리를 찾아온다

이 책을 펼쳐든 독자 여러분들께 진심으로 감사의 마음을 전합니다. 길을 걷다 옷깃을 스치는 인연처럼 무수히 많은 만남이 있지만, 이렇게 독자와 저자의 관계로 만났다는 것은 보통 인연이 아닌 것 같습니다. 제가 존경하는 영국의 전 수상 윈스턴 처칠이 남긴 유명한 명언으로 이야기의 문을 열어볼까 합니다.

"Kites rise highest against the wind, not with it."

해석하면 "연은 바람에 순응하는 것이 아니라, 거스르면서 가장 높게 난다."라는 뜻입니다. 바람은 우리 인생에 수시로 찾아오는 고난과 역경을, 거스른다는 의미는 고난과 역경에도 불구하고 좌절하지 않고 이겨내는 것을 말합니다.

많은 사람들은 고난이 찾아오면 불평하거나 낙담합니다. 때로는 삶을 포기하기도 합니다. 하지만 관점을 달리해 보면 고난과 역경은 우리들을 매순간 나태해지지 않고 정신 차릴 수 있게 해

줍니다. 삶과 일에 대한 집중력은 다른 사람들보다 더 멀리, 그리고 더 높이 날 수 있게 해주는 힘이 됩니다. 그래서 온실 안의 화초가 아닌 야생초 같은 강인한 생명력을 갖게 되는 것입니다.

물론 고난이 즐거울 수는 없습니다. 하지만 고난이 찾아올 때마다 좌절하거나 불평한다고 해서 결과가 달라지지는 않습니다. 자기 앞에 놓인 문제를 한 번은 뛰어넘어야 성공을 향해 나아갈 수 있습니다. 그래서 고난을 극복하면 한층 성장해 있는 자신을 발견하게 되는 것입니다.

여기 신체적 장애라는 절망적인 상황에서 자신의 인생을 아름답게 만들어 낸 주인공이 있습니다.

1976년 미국 펜실베이니아주에서 종아리뼈가 없이 태어난 여자아이는 한 살 때 무릎 아래를 절단하고 의족을 착용하였습니다. 의사는 그녀가 "절대 걸을 수도 없고 운동도 못하며, 다른 사람의 도움 없이는 살지 못할 것"이라고 말했습니다. 하지만 그녀는 고난과 장애를 극복하고 육상선수, 패션모델과 영화배우로 왕성한 활동을 하고 있습니다. 정상인보다 아름다운 삶을 살고 있는 그녀는 바로 '에이미 멀린스'입니다.

1996년 애틀랜타 장애인 올림픽 육상부문 세계신기록 수립
1999년 Giverchy 수석 디자이너 알렉산더 맥퀸 패션쇼 모델 선정

2002년 영화배우로 〈크리매스터3〉 출연

2011년 피플지가 선정한 〈세계에서 가장 아름다운 50인〉에 선정

육상선수에게 건강한 두 다리가 없다는 것이 무엇을 의미하는지 여러분도 알고 있을 것입니다. 하지만 그녀는 누구도 예상하지 못한 기적을 우리에게 보여주었습니다. 육상선수가 되겠다는 꿈과 희망을 가슴에 품었던 그녀는 두 개의 의족으로 땅을 딛고 일어선 순간부터 더 이상 장애인이 아니었습니다. 그녀는 절망과 고난에 처한 사람들에게 희망의 증거가 되어 누구도 상상할 수 없는 일들을 꿈꾸게 만들었습니다.

사람들은 그녀에게 '어떻게 하면 장애와 역경을 극복할 수 있었는지' 물었습니다. 그러자 그녀는 이렇게 대답했습니다.

"역경은 삶을 유지하기 위해 피하거나 부정하거나 넘어서야 하는 장애물이 아닙니다. 역경이야말로 우리의 자아와 능력을 일깨우고 우리 자신에게 선물을 가져다주기 때문입니다. 제 생각에 진짜 장애는 억눌린 마음입니다. 억눌려서 아무런 희망도 없는 마음이요. 결함으로 여겨지는 것들과 우리의 위대한 창조적 능력은 동반자 관계에 있습니다. 역경을 부정하고 피하고 숨기는 데 공을 들이기보다 그 안에 감춰진 기회를 찾는 데 공을 들이세요."

저 역시 평범한 삶 속에서 가슴 아픈 청춘의 시간들을 보냈습니다. 그때마다 수없이 되뇌던 다짐이 있습니다.

고난은 내 곁에 항상 머무는 것이 아니라 스쳐지나갈 뿐이다.
고난이란 시험을 통해 나는 담대한 믿음을 갖게 되고 더 강해질 것이다.
고난은 훗날 나의 영광을 더 빛나게 해 줄 것이다.

20대 대부분의 시간은 숨이 막힐 만큼 고통스러웠습니다. 사랑하는 아버지와 이별을 하고, 절망 가운데 실패를 경험하고 가난과 맞서 싸워야 했습니다. 하지만 한 가지 사실만은 꼭 붙들고 놓지 않았습니다. 그것은 다름 아닌 '고난 가운데 기회가 숨어있다'는 믿음입니다.

만약 지금 이 순간 고난과 역경 가운데 힘들어하는 분이 있다면 이 글을 통해 조금이나마 위로와 새 힘을 얻었으면 좋겠습니다. 그리고 지친 마음을 추스르고 다시 툭툭 털고 일어나는 기적이 일어나기를 기도해 봅니다.

자, 그러면 이제 제가 풀어놓는 이야기 속으로 함께 들어가 볼까요.

2015년 8월
감민철

혼자라고 느낄 때 가장 강해진다
"당신의 영화 중 최고의 작품은 무엇입니까?"
"다음 작품입니다."
오늘보다 내일이 기대되는 사람이 되고 싶다.

특전사, 진짜사나이 프로젝트
누구도 알려주지 않는 군대 내 자기계발 노하우
사이버지식정보방을 선점, 진중문고 100% 활용
연등시간 활용, 주말 체력 단련
자격증 따기, 취미생활 누리기

한국의 월가, 여의도에 입성하다
꼭 이겨라.
실패해도 좋으니까 끝을 봐라.
마지막까지 남는 자가 진짜 승리자니까.

Part 1

청춘은
아프기에 아름답다

CHAPTER 1

혼자라고 느낄 때
가장 강해진다

1
만남은 이별을 예고한다

"혼자 있는 나무는 자라기만 한다면 강하게 자란다."
– 윈스턴 처칠

지금부터 나의 이야기를 하려고 한다. 한국이라는 조그마한 땅에 태어난 평범한 이야기다. 지독히도 힘들었던 20대의 시간들 그리고 그 시간을 버텨낸 이야기를 통해 작은 소망이 생겼다. 과거의 기억을 되짚는 나의 인생을 보며 누군가 지치고 힘든 상황을 이겨낼 수 있는 힘을 얻었으면 하는 바람이 그것이다.

누군가 "20대 청춘은 찬란히 빛난다."라고 말했다. 나도 인생이 눈부신 햇살처럼 아름다울 줄만 알았다. 하지만 서른 중반이 된 지금, 과거를 돌이켜보니 20대의 아름다운 추억들이 전혀 떠오르지 않는다. 사실 새삼스럽게 그 지독하게 힘들었던 시절을 떠올리고 싶지도 않다.

우리 모두는 얼굴 생김새만큼이나 다양한 가정환경 속에서 살아간다. 좋든 싫든 부모와 자식이라는 인연으로 맺어졌다면 누구도 그 연결고리에서 벗어날 수 없다. 그래서 친구 부모의 이혼 소식이나 경제적으로 어려움을 겪고 있다는 이야기는 너무나 일상화된 일들이다. 주변에서 불우한 가족사를 듣는 날에는 겉으로 공감하는 태도를 보이면서 대수롭지 않게 흘려보냈던 적이 한두 번이 아니다. "세상에 사연 없는 집이 어디 있냐?"라는 말로 그들에게 위로 아닌 위로의 말을 하면서 말이다.

그런데 22살에 찾아온 아버지와의 갑작스러운 이별은 너무도 당연히 여겼던 20대의 평범한 한 삶을 평범하지 않게 만들었고, 찬란하게만 보였던 청춘의 시간을 고난의 시간으로 둔갑시켜 버렸다. 그리고 나의 몸과 마음에 생채기를 낼 준비를 하고 있었다.

나는 어릴 적 꿈이 대한민국 '검사'였다. 거창하게 들릴지 모르겠지만 사회정의를 구현해서 우리 사회를 부조리로부터 지켜내고, 힘없는 사람들의 편에 서겠다는 것. 그것이 중학교 이후부터 내가 꿈꿔온 삶이다. 그래서 10대 중반부터 20대 중반까지 꿈을 향해 달려가던 나는 화창한 날만큼이나 행복한 날들이 기다리고 있을 거라고 확신했다. 하지만 내 20대 청춘은 그리 호락호락하게 웃어주지 않았다. 그렇게 꽉 잡고 있던 꿈을 손에서 놓아버릴 수밖에 없게 만드는 일이 벌어졌기 때문이다.

나는 대학교 2학년 때부터 사법시험 준비를 시작했다. 그래서 20살 때부터 '고시촌'이라 불리는 신림9동에서 고시원 생활을 하였다. 3평 남짓한 작은 방이 답답하였지만 공부를 마친 후 눕는 고시원 침대에서 항상 상상의 나래를 펼쳤다. 합격한 후 멋진 검사가 되는 모습을 상상하면서 말이다.

그러던 어느 날이었다. 저녁 식사를 마치고 독서실에서 공부를 하는데 핸드폰 소리가 울려대기 시작했다.

"따르르르릉! 따르르르릉!"

그날은 전화벨 소리에 왠지 모를 불안한 기운이 감돌았다. 순간 가슴이 덜컹했다. 느낌이 좋지 않았다. 보통 공부할 때는 벨소리를 무음으로 해 두는데, 실수로 벨소리가 나도록 해 두었던 것이다. 조용한 독서실 안의 정적을 깨는 소리였기에 재빨리 독서실 밖으로 나가 전화를 받았다.

전화기 속의 목소리는 어머니였다. 어머니의 목소리는 차분했지만 방금 울음이 그친 듯했다. 그런데 뜻밖의 이야기가 나의 귀를 어지럽히고 있었다.

"민철아, 놀라지 말고 들어. 아빠가 간암 말기인데 앞으로 6개월 정도 더 사실 수 있대…….”

　‘아빠’, ‘죽음’, ‘간암 말기’, ‘시한부 인생’ 등 자주 보던 드라마에
서 들어 보았던 단어들이었다. 하지만 우리 가족과는 전혀 관계
없는 일이라고 생각했었다. 그래서 어머니의 전화를 받고도 한동
안 아무런 생각을 할 수가 없었다.

　그러던 찰나 머릿속을 스치는 단어들 속에서 나는 무언가를 찾
으려고 무던히 애쓰고 있었다. 그것은 ‘아빠의 인생이 한없이 불
쌍한데 어떻게 보상받을 수 있는지’, ‘아빠와 나의 관계는 아직도
풀어야 할 것들이 많이 있는데 이제 어떻게 하는지’에 관한 문제
들이었다.

　아버지는 어릴 적 불우한 환경에서 성장하였지만 항상 자신의
자리에서 최선을 다하는 분이었다. 육군 대위로 예편한 후 고등
학교 교사로 재직하면서 언제나 아내와 자식들에게 든든한 버팀
목이 되어주셨기 때문에 말 그대로 ‘더할 나위 없는’ 아버지였다.
교사라는 직업은 안정적인 데다 방학 기간에는 학생들과 함께 쉴
수 있고, 퇴직 후에는 연금도 나오기 때문에 최고의 직업으로 손
꼽힌다. 그래서 그런지 평범한 우리 가족에게 아버지는 항상 주
변 사람들에게 자랑거리였다.

중·고등학교를 거치면서도 교사 아들이라는 타이틀은 득이 되었으면 되었지 불리할 게 전혀 없었다. 교사 아들이라고 소문이 나면 다른 학생들보다 선생님들의 관심을 많이 받았고, 어떤 분은 교사용 참고서 등을 나누어 주시기도 했다. 특히 공부하다가 모르는 내용이 있어서 교무실에 찾아가면 귀찮아하지 않고 답변해 주셨는데 과외가 따로 필요 없을 정도였다.

그런데 누구보다 성실한 아버지였지만 때로는 아버지의 모든 것을 이해할 수 없다고 느낀 적이 많았다. 믿기 어렵겠지만 아버지와 어머니는 신혼여행을 경주로 다녀온 이후 한 번도 여행을 가본 적이 없다. 많지 않은 월급을 아껴가며 생활하셨고, 저축을 최고의 재테크로 생각하셨던 부모님은 그 흔한 제주도 여행도 그저 남의 일로만 여기셨다.

어릴 적에는 다른 부모님과 달리 팍팍한 삶을 사는 부모님의 일상이 이해가 되지 않았다. 어머니는 방학이나 휴가 때 여행을 가고 싶어 하셨지만, 아버지는 방학 기간만 되면 시골에 있는 할머니 댁을 방문해서 미뤄두었던 일들을 대신 해드리곤 했다. 우리 가족은 방학이나 휴가 때는 으레 할머니 댁을 방문하는 것을 당연하게 생각할 정도였다. 어머니가 "누구네는 어디로 여행 간대."라고 부러워하면, 그때마다 아버지는 "나중에 애들 크면 놀러 다니자."라고 말씀하시곤 했다. 어머니는 아버지가 말하는 '그

나중'이 되면 "우리 가족도 남들처럼 여행도 다니고 마음에 여유를 갖고 살겠지."라면서 애써 태연해지려고 했다.

이런 아버지의 모습은 나의 삶에도 많은 영향을 주었다. 자녀들에게 엄하면서도 학업에 대한 부담을 주셨던 아버지는 불편한 존재였다. 시험을 보고 온 날에는 몇 개가 틀렸는지, 왜 틀렸는지 분석해서 말씀을 드리는 것이 일상이었고 결과가 좋지 않을 것으로 예상되면 성적표가 나올 때까지 조마조마한 하루를 보내곤 하였다.

그래서 어머니로부터 아버지가 '6개월 시한부 인생'을 살 수밖에 없다는 이야기를 들었을 때, 나는 그동안 많은 것을 누리지 못했던 아버지 삶이 측은해 보이면서도 아버지와의 소원했던 관계에서 오는 알 수 없는 감정들로 뒤섞여 버렸던 것이다.

2
아픔은 사랑의 다른 말이다

"우리만이 사랑할 수 있고,
이전에 그 누구도 우리만큼 사랑할 수 없었으며,
이후에 그 누구도 우리만큼 사랑할 수 없음을 믿을 때
진정한 사랑의 계절이 찾아온다."

– 요한 볼프강 폰 괴테

아버지의 '암 진단'이 있기 전까지의 평범했던 가족 이야기를 해야겠다. 아버지와 어머니는 앞서 이미 소개를 하였고 아직 소개를 하지 않은 사람이 있다.

나는 쌍둥이 남동생이 있다. 5분 간격으로 태어난 일란성 쌍둥이 형제이다. 신과 엄마 사이에 태어난 친구 같은 존재가 쌍둥이라고 한다. 너무 닮아서 길에 같이 다니면 사람들이 귀신이라도 홀린 듯 다시 돌아볼 정도로 우리는 많이 닮았다.

고시 공부를 한 나와 달리 남동생은 대학교 2학년을 마치고 카투사로 군 입대를 하였다. 미군부대라서 주말에는 자유롭게 외박도 나올 수 있었다. 휴가를 나올 때면 항상 두 손에 미군 부대에서 파는 대형 미국식 피자와 햄버거를 사 들고 왔다. 동생이 피자를 사 들고 오는 날에는 우리 가족 모두 배 터지게 먹는 날이었다.

그리고 내가 21살이 되던 해, 우리 가족에게 식구 하나가 더 생겼다. 말티즈 한 마리를 입양한 것이다. 수컷이지만 이름을 '밍키'로 지었다. 이에 대해서는 아버지의 의견이 적극 반영되었다.

강아지를 새로운 식구로 들인 사연은 이렇다. 남동생은 군 입대 후 처음으로 보낸 편지에 "우리 집도 강아지를 길렀으면 좋겠다."라고 하며 나한테 신신당부했다. 당시 〈TV 동물농장〉에서 반려견 키우기 열풍이 불면서 동생이 적막한 우리 집 분위기를 띄우기 위해서 조심스럽게 의견을 내놓은 것이었다. 밍키의 등장으로 우리 집은 이전에 없던 활력을 찾게 되었다.

아버지는 처음에 강아지 키우는 것을 내켜하시지 않았다. 그런데 밍키가 재롱떠는 모습에 시간 가는 줄 모르고 놀아주는 모습에서 어릴 때 나와 놀아주던 아빠의 모습을 볼 수 있었다. 성장하면서 내가 잊고 있던 모습이었고, 진짜 아빠 미소 그 자체였다. 한 번은 밍키가 큰 병을 앓게 되었는데, 아버지는 집에서 1시간 거리에 있는 동물병원에 출퇴근하며 치료를 하러 다니는 정성도 보여 주셨다. '아버지에게 저런 면이 있었다니……' 그동안 아버지의 무뚝뚝하고 차가운 모습만 보았던 내게는 신선한 충격으로 다가왔다.

단지 강아지 한 마리를 입양한 것이지만, 우리 가족은 TV 시청 대신 강아지를 통해 대화도 늘었고 참 행복한 시간을 보냈다. 지금 생각해 보면 아버지가 돌아가시기 전에 좋은 추억을 안겨드려서 최고로 잘한 일이라고 생각한다.

밍키를 동물병원에서 입양한 해에는 2002년 월드컵이 있었다. 대한민국이 온통 붉은 악마 티셔츠로 뒤덮였던 때였다. 전 국민이 축제 분위기였듯이 우리 가족도 저녁마다 거실에 둘러앉아 축구 경기를 보면서 국가대표팀을 목이 터져라 응원했다. 평소 야구 경기와 축구 경기를 빼놓지 않고 보셨던 아버지는 우리나라 선수들의 선전에 너무도 기뻐하셨다.

"대한민국! 짝짝! 짝! 짝짝!"

집안에 울려 퍼지는 아버지의 응원 소리는 아직도 내게 즐거운 기억으로 남아 있다. 2003년 아버지와의 작별의 시간이 점점 다가오고 있음을 꿈에도 모른 채 말이다.

우리 가족을 소개할 때 **빼놓을** 수 없는 한 가지가 있다. 바로 독실한 '기독교' 집안이라는 점이다. 어떤 분은 종교 이야기를 하면 두드러기 날 정도로 싫어하겠지만 여기서는 특정 종교에 대해서 이야기하려는 것이 아니기 때문에 지레 짐작하고 거북해할 필요는 없을 것 같다. 왜냐하면 우리 가족이 그토록 오지 않기를 바랐던 '아버지와의 이별의 순간'을 준비할 때, 그 소중한 시간들을 연결해주었던 '사랑의 끈'에 대한 이야기이기 때문이다.

어머니는 20대 중반까지 교회를 나가지 않으셨다고 한다. 강원도 화천 시골에서 나고 자란 어머니는 외할아버지와 외할머니, 그리고 형제자매 모두 신앙생활을 하지 않았다. 그래서 '기독교', '하나님', '십자가'라는 생소한(?) 이야기를 생전 접해볼 기회가 없었다고 한다. 그런데 아버지와 결혼한 후에는 교회 안수집사님이신 할아버지와 집사님이신 할머니, 그리고 평신도인 아버지를 따라 교회를 나갈 수밖에 없었다.

처음 신앙생활을 하는 사람들이 다 그렇듯이 어머니도 예배 중에 목사님의 설교나 교인들의 찬양에 거북함을 이기지 못하고 뛰쳐나가고 싶은 적이 많았다고 한다. 하지만 힘들었던 결혼생활을 이겨내고 지금은 권사님이 되어 그 누구보다 열정적으로 하나님을 섬기고 있으니 놀라울 따름이다.

세상에 걱정거리가 없고 경제적으로 안정이 되면 종교적으로 깊이 빠져들 수 없다. 우리 가족도 마찬가지였다. 주일 예배에는 참석하였지만 의무적으로 예배를 드리는 경우가 더 많았고 실제 생활에서는 크리스천의 모습이 아닌 인간적인 욕심에 좌절했던 적이 더 많았다.

나도 초등학생 때 그토록 열심이었던 교회생활을 중·고등학교, 대학교 때는 주일예배만 참석하고 나머지 시간은 공부를 하거나 친구들과 놀았기 때문에 크리스천으로서의 제대로 된 삶을 살지 못했다. 예전에 선풍적인 인기를 끌었던 『다니엘 학습법』의 저자로 유명한 김동환 목사님은 성경을 읽지 않으면 밥을 먹지도, 공부를 하지도 않았다고 하는데 나의 신앙생활은 참 부끄러울 뿐이었다.

아버지의 암 투병 기간 우리 가족은 다시금 교회로 돌아갈 수 있었고 누구보다 절실한 마음으로 아버지의 회복을 위해 기도하고 간절히 바랐다. 6개월간의 투병생활 동안 우리 가족은 수요예배, 금요철야예배, 주일예배를 빠짐없이 참석했다. 군대에 있던 동생도 주말에 외박을 나오면 아버지와 함께 교회에서 주일예배를 꼭 드렸다. 나는 교회에 가는 날이 정말 감사했다. 숨 쉬는 공기와 머릿결을 스치는 바람에 감사하듯이 말이다. 왜냐하면 아직 우리 가족에게 함께할 수 있는 시간이 있었기 때문이다.

그리고 교회에서 기도할 때면 어김없이 누구도 믿기 힘든 일을 기대했다. 아버지가 기적같이 건강을 회복해서 사람들 앞에서 간증을 하는 날을 말이다. 누군가의 마지막 모습을 기억하는 것은 기쁨일 수도 있지만 때로는 아픔이기도 하다. 동생은 아버지가 암 투병할 당시 군복무 중이어서 아버지의 마지막 모습을 함께하지 못하였지만 나는 너무도 많은 것들을 기억한다. 요즘도 그때 아버지의 모습을 기억하며 이제는 세월이 흘러 흐릿해져가는 아버지의 모습을 잡으려고 애쓰곤 한다.

하루는 주일 예배를 마치고 집으로 돌아오는데, 아버지가 힘이 들었는지 배를 움켜잡는 것이었다. 나는 아버지의 걸음걸이에 맞추며 가고 있었는데 그날은 웬일인지 "먼저 집에 가서 불 켜 놓고 보일러도 켜 놓고 있어."라고 하셨다. 그래서 어쩔 수 없이 아버지를 뒤로하고 먼저 집에 간 적이 있었는데 지금 생각해보면 그때 아버지는 저 멀리 뛰어가는 아들의 뒷모습을 보고 많은 걱정들을 했을 것 같다. 대학도 마치지 않은 아들의 미래, 취업을 하지 않고 고시 공부를 하는 아들의 미래, 결혼을 하지 않은 아들의 미래 등이 걱정되셨을 것이다. 지금도 그때 아버지의 흔들리는 눈동자를 떠올리면 마음이 아려 온다. 얼마나 마음이 무겁고 자신의 무기력함에 좌절하셨을까.

또 하루는 다른 지역의 교회에 갔다가 돌아오는 버스 안에서 예전 같으면 서서 가셨을 아버지가 이제는 거친 숨을 몰아쉬며 앉을 자리를 찾고 계시는 모습을 보고 말았다. 눈물이 핑 돌았다. '나의 아버지가 이렇게 되시다니…….' 그토록 건장했던 아버지가 이제 마흔 여덟의 나이에 버스 좌석에 앉지 않으면 안 될 만큼 기력이 약해지셨던 것이다.

하지만 그중에서도 너무나도 뚜렷이 기억되는 모습이 있다. 그것은 20대 초반을 공부로만 보내고 있는 아들이 너무 안돼 보였던지 어느 날 "민철아, 머리도 식힐 겸 동생하고 서울모터쇼를 다녀오지 그래?" 하면서 환하게 웃으시던 아버지의 한마디였다. 모처럼 병원에서 간호를 하고 있었기 때문에 아픈 아버지를 남겨두고 나가는 것이 마음에 걸려서 처음에는 싫다고 했는데, 아버지가 계속 고집을 부리셔서 어쩔 수 없이 나갔다 온 적이 있다. 그날 동생하고 맛있는 음식도 먹고 평소 보고 싶어 하던 수입차의 모습들을 카메라에 모두 담을 수 있었다. 물론 마음 한편에는 병실에 혼자 있을 아버지가 한없이 걱정이 되면서 말이다.

항상 큰아들이 사법시험에 합격해서 검사가 되는 모습을 보고 싶어 하셨던 아버지였다. 그런데 얼마 남지 않은 자신의 삶을 정리하면서 욕심처럼 간직하고 있던 나의 성공도 모두 내려놓고 계셨다. 아버지의 암 투병 시간은 내 삶의 가치관이나 인생관도 많이 바꾸어 놓았다. 그중에 제일은 '지금 이 순간은 어제 그토록 내일이 오기만을 기다리며 살려고 노력했던 사람들의 하루'라는 사실을 깨달은 것이다. 그래서 매 순간 최선을 다하는 마음가짐이 나도 모르게 생겼다.

언제였는지 기억이 가물가물하지만 아버지와 외출할 일이 있어서 아침 일찍 아파트 계단을 내려오는데, 그날따라 햇살이 눈부시게 아름다웠다. 그때 아버지가 조그만 소리로 되뇌었던 말 한마디를 나는 아직도 생생하게 기억한다.

"오늘 하루도 이렇게 살려주셔서 감사합니다. 숨을 쉴 수 있게 해주셔서 감사합니다."

아버지가 만든 울타리 안에서 성장한 내가 늦은 나이에 특전사에 입대하여 무사히 군 생활을 마친 것이나 어렵다는 취업 전쟁을 뚫고 여의도에 입성할 수 있었던 힘은 아버지가 보여준 삶에 대한 소중함과 아직도 나의 잔상에 남아 있는 아버지의 생에 대한 애착 때문이다.

요즘 청년들의 자살 소식이 많이 들려온다. 자살을 선택한 사람들의 심정이 오죽했을까 하면서도 다른 한편으로는 누군가에게 위로받고 상처를 치유받을 수 있는 기회를 누리지 못하고 생을 마감한 그들이 한없이 불쌍해 보일 때가 있다. 아버지와의 무덤덤한 관계는 아버지가 돌아가시기 전에 나에게 보여주셨던 모습을 통해 애증에서 사랑으로 변해 있었고, 아버지가 돌아가신 이후에는 삶을 버티게 해 준 힘이 돼 주었다. 이젠 눈에 보이지 않는 아버지이지만 마음속에서 나를 응원하고 있다고 생각하니까 없던 힘도 생겨나고 현실에 안주하고 싶을 때도 다시 일어나 걸을 수 있었다.

나의 기억 속에 아버지는 늘 호랑이같이 엄하신 분이었다. 그러나 서른 중반이 된 나는 이제야 알게 되었다. 나는 아버지를 제대로 알지 못했던 것이다. 아버지는 호랑이가 아니라 고슴도치였는데 말이다. 고슴도치의 가시로 나를 아프게 하였지만, 그 가시가 내 몸과 마음에 사랑으로 박혀서 살아가는 힘이 되어주고 있었던 것이다. 20대 후반에 직장문제나 군대문제, 가족문제로 힘들 때면 꿈속에서라도 아버지를 만나서 위로받고 싶다고 되뇌며 눈물로 잠이 들 때가 많았다. 아버지가 살아 계셨으면 고민도 함께 나누고 조언도 구했겠지만 나에게는 그런 생각조차 사치스러울 뿐이었다.

혹시 지금 아버지와 불편한 관계에 있다면 그분이 잠든 모습을 조심히 들여다보라. 어쩌면 다시는 볼 수 없는 당신의 아버지일지도 모른다. 지금은 그분 때문에 힘들어하지만 변하지 않는 것은 사랑으로 나를 낳아서 길러주셨다는 사실이다.

3
가족과 함께하는
모든 순간이 기적이다

"가족들이 서로 맺어져 하나가 되어 있다는 것이
이 세상에서의 유일한 행복이다."
– 퀴리 부인

 S 종합병원에서 간암 말기 판정을 받고 치료를 받던 아버지는 치료비 부담 등의 이유로 원자력 병원으로 옮길 수밖에 없었다. 물론 정기적으로 항암 치료를 받으셨고 때로는 몇 주일간 입원도 하셨다.

 그러던 어느 날, 우리 집에 가족사진 한 장이 없다며 휴가 나온 동생이 인근 사진관에 예약을 해두었다고 했다. 평범한 집 같으면 좋아했겠지만 그때 아버지의 얼굴에서 잠깐 슬픔이 스쳐 지나가는 것을 보았다. 이제는 3개월도 채 남지 않았다는 것을 느끼셨던 걸까. 아니면 이별을 준비해야 할 시간이 점점 더 다가오고 있다는 사실을 인정하고 싶지 않으셨던 걸까. 그날 우리 식구들은 집에 있는 가장 좋은 옷을 입고 사진관 아저씨의 지시(?)에 따라 가장 멋있고 예쁜 포즈로 사진 촬영을 했다. 2장의 컨셉으로 찍었는데 한동안 나의 지갑 속에 남아 그때 그 시절을 추억하게 해주었다.

모두의 바람과 달리 하루가 다르게 아버지의 배가 불러오기 시작했다. 의사는 복수가 차서 그렇다는데 몸은 말라가면서 복수가 차오르니 걸어 다니는 것조차도 불편해 보였다. 하지만 그런 상황에서도 종로구에 위치한 학교에는 계속 출근하셨다. "남겨줄 재산이 많지 않은데 끝까지 월급을 받아야 하지 않겠냐?"라면서 말이다. 하지만 더 이상 학생들을 가르칠 수 없을 만큼 몸 상태가 안 좋은 아버지를 학교가 두고 보고 있을 리가 없었다.

"감 선생님, 이제 집에서 편히 쉬고 학교는 정리하시죠."

학교로부터 최후통첩을 받던 그날 저녁, 아버지는 말이 없었다. 젊은 시절 몸 바쳐 일했던 학교마저 이제 그만둘 상황이 되다 보니 '이제는 정말 끝이구나.'라고 느끼시는 듯했다.

아버지는 그로부터 며칠 동안 몸을 비치적거리면서 큰방과 작은방을 오가며 무언가를 확인하고 계셨다. 무언가를 종이에 메모하고 계셨는데 정확히 무엇 때문인지는 몰랐다. 그러던 어느 날

조용히 나를 부르셨다. 내 눈앞에 놓인 건 '3장의 노란색 포스트 잇'이었다. 나는 아직도 이 포스트잇을 단순히 메모장이라고 생각하지 않는다. 왜냐하면 그 안에는 가족에 대한 걱정과 사랑이 녹아 있었고, 절절한 아버지의 마음이 담겨 있었기 때문이다.

아버지가 죽게 되면 보험금 처리는 어디에서 어떻게 하고, 사립학교 교직원 위로금은 어떻게 수령하라는 내용 등 당신 성격답게 너무도 꼼꼼히 기재가 되어 있었다. 아버지 앞에서는 담담하게 알겠다고 대답했지만 그날 저녁 나는 이불을 뒤집어쓰고 많이도 울었다. 왜냐하면 포스트잇 3장에는 앞으로 가족들이 살아가면서 경제적으로 얼마나 힘들어할지 예견했을 아버지의 모습이 너무도 생생하게 그려져 있었기 때문이다. 그리고 나를 지그시 바라보며 했던 아버지의 말 한마디가 마음 깊숙한 곳에서부터 나를 무너뜨리고 있었다.

"민철아, 아빠가 너한테 너무 많은 짐을 주고 가네. 그래도 네가 형이니까 엄마 잘 모시고, 동생 잘 보살피고 살아야 한다."

나는 그때 아버지로부터 받은 3장의 포스트잇을 장례를 치른 이후에도 1년 동안 지갑 속에 넣고 다녔다. 눈물의 흔적이 있는 그 포스트잇이 낡아서 더 이상 알아볼 수 없을 때까지 말이다.

그러던 어느 날, 정말로 아버지와의 작별을 고할 시간이 다가 오고 있었다. 2003년 8월의 무더운 날씨만큼이나 나의 마음은 무거웠다. 그날은 아버지, 어머니가 경치 좋고 물 좋은 지방의 한 교회를 가신다고 했다. 운전하기 불편한 아버지를 위해서 가깝게 지내던 둘째 이모부가 운전을 해 주기로 했다. 그런데 그날 저녁 12시가 다 되어서 전화벨이 울리기 시작했다. 어머니였는데 목 소리가 너무 다급해 보였다.

"민철아, 아빠가 위독해서 구급차로 서울에 올라가고 있으니까 원자력병원으로 택시 타고 바로 와!"

정신이 하나도 없었다. 택시를 타고 아버지께 가면 더 이상 아 버지를 볼 수 없을 것만 같았다. 병원까지 1시간이 넘는 거리였 는데 택시 기사님께 부탁해서 1시간 안에 도착했다. 군대에 있던 동생에게도 빨리 병원으로 오라고 전화를 했다. 병원 중환자실에 도착하니 다행히 아버지의 의식은 남아 있었다. 그때 담당 의사 가 잠시 병실 밖으로 나와 보라고 하셔서 아버지께 잠깐 다녀온 다고 하고 나와서 상황 설명을 들었다.

"아드님 되시나요?"
"예."
"죄송하지만, 아버님께서 출혈이 계속되고 있는데 어디인지 파악이 안 됩니다. 최대한 확인을 해 보겠는데 오늘 저녁 마음의 준비를 하셔야 할 것 같습니다. 가족들 다 불러주시고 하실 말씀이 있으면 지금 바로 하세요."

"저, 선생님 저희 아버지가 오늘을 못 넘기신다고요?"

의사는 나의 질문에 침통해하며 더 이상 대답을 하지 않았다. 그리고 황급히 자리를 떠났다. 다시 병실에 들어간 나는 죽음과 사투를 벌이고 있는 아버지의 마지막 모습을 보았다. 아버지는 흐려지는 의식 속에서도 나를 바라보고 계셨는데, 너무 고통스러워하셨다. "민철아, 아빠가 너무 고통스러운데 제발 이 인공호흡기 좀 빼줘……."라고 하시며 두 손으로 인공호흡기를 떼어내려 안간힘을 쓰고 계셨다. 너무도 힘겨워하는 아버지의 말 한마디와 몸짓에 나는 절규하며 말했다.

"아빠, 제발 조금만 더 버텨주세요. 지금 동생도 오고 있는 중이라고요. 아직 나랑 엄마는 아빠를 보낼 준비가 안 되었다고요!"

그로부터 몇 분이 더 흘렀을까. 더 이상 아버지는 미동도 하지 않으셨고 누워 있던 베드 아래에는 아버지의 피가 흥건히 젖어 있었다. 죽을 만큼 고통스러웠던 그 순간, 아버지는 얼마나 힘드셨을까? 살면서 처음 본 사랑하는 사람의 죽음이었다. 아버지는 눈을 감지 못하셨다. 다행히 담당 의사가 들어와 사망 선고를 하고 눈을 감겨 주셨다. 보통 남게 되는 사람을 걱정하면서 죽음을 맞이하면 편안하게 눈을 감지 못한다고 했다. 아버지도 그러셨을까? 우리 식구들은 그렇게 아버지를 하늘나라로 보내드렸다. 갓 오십도 채우지 못한 아쉬운 삶이었다.

"아빠, 안녕……."

장례식 치를 준비를 하며 주변 지인들께 연락을 하고 잠깐 새벽 공기를 마시러 나왔다. 밤하늘을 올려다보았는데 별이 아름다웠다. 그런데 그 아름다움이 너무도 슬프고 애처롭게 보였다. 나의 처지가 투영돼서였을까? 아니면 아버지의 안타까웠던 인생이 불쌍해 보여서였을까? 지금 생각해 보면 남은 가족의 삶이 순탄치만은 않을 것 같다는 생각이 더 컸던 것 같다. 그동안 한 번도 생각해 본 적이 없었다. 아버지가 없는 우리 가족의 삶을. 그래서 더 두려움이 컸던 것이다. 우선 먹고살 궁리를 해야 했고, 남동생과 나는 대학도 2학년밖에 마치지 않은 상태였기 때문에 당장 학비를 걱정해야 했다. 어머니는 평생 가정주부로 살아오셨기 때문에 직장을 다닐 수도 없는 형편이었다.

이런저런 현실적인 문제들을 생각하다 보니 머리가 너무 아팠다. 아버지가 원망스럽기까지 했다. 그날 소식을 듣고 달려온 친한 형님들과 친구들은 다들 공부도 마치지 못하고 학업을 중단해야 할 나를 걱정해 주었다. 당시 사법시험에 합격해서 사법연수원 생활을 하고 계셨던 친한 형님(국상우 서울중앙지방검찰청 검사)은 나에게 매달 용돈을 지원해 주겠다는 이야기도 해주었다. 10년이 넘은 시간이 훌쩍 흐른 지금 다시 생각해 봐도 모두가 진심으로 감사하게 느껴지는 분들이다.

그날 새벽 나는 다짐했다.

'이제 세상에 홀로서기를 할 때다. 누구의 도움 없이 말이다. 어머니와 동생과 함께 꿋꿋하게 살아야 아버지가 하늘나라에서도 걱정하지 않으실 거야.'

레지 화이트는 "하나님은 그 무게를 지탱할 수 있는 자들에게 가장 무거운 짐을 지운다."라고 했다. 이 말을 되새기며 내게 닥친 시련도 감당할 수준의 무게일 거라고 스스로 위로했다. 그렇게 나는 아버지를 안심시켜 드리며 무더운 여름이었지만 한겨울 같았던 그날과 작별을 고했다.

"시험을 참는 자는 복이 있나니 이는 시련을 견디어 낸 자가 주께서 자기를 사랑하는 자들에게 약속하신 생명의 면류관을 얻을 것이기 때문이라." (야고보서 1:12)

아버지를 보낸 후 며칠 동안은 눈물 마를 날이 없었다. 물론 어머니 앞에서는 약한 모습을 보이지 않았다. 하루는 지하철을 타고 가는데 창문 밖으로 햇살에 비친 한강이 아름답게 빛나고 있었다. 그런데 나도 모르게 눈물이 흘러내렸다. 앞자리에 앉은 여성이 이상한 눈으로 쳐다보는 것이 느껴졌다. 너무 부끄러워서 바로 다른 칸으로 자리를 옮겼다.

누군가와 이별하는 것이 마음 아픈 줄 몰랐을 만큼 철없던 나였다. 그런데 계절이 몇 번 바뀌었는지 이제는 셀 수 없을 정도가 되어서야 아버지가 없는 삶에 익숙해졌다. 하지만 매년 아버지 기일이 되면 내 마음속에 꽁꽁 숨겨두었던 그리움을 다시 꺼내본다. 그리움의 색깔은 시간이 갈수록 더 진해지는 것 같다. 아버지에 대한 나의 마음이 그렇듯이 말이다.

최근 〈어바웃 타임〉이란 영화를 본 적이 있다. 영화 속 주인공은 과거로의 시간 여행을 할 수 있는 능력이 있는 사람이었다. 주인공은 마음껏 과거로 돌아가 자신의 행동을 바꿔서 미래의 모습을 변화시킬 수 있었다. 하지만 그는 깨닫게 된다. 주변 사람에게 정성스런 마음으로 대하고, 매 순간을 후회 없이 보내면 과거로의 시간 여행이 필요하지 않다는 것을 말이다. 내가 아버지께 사랑을 표현하지 못하고, 감사함을 전하지 못해서 그런지 〈어바웃 타임〉이란 영화를 보면서 많은 것을 느꼈다.

또 얼마 전에는 인터넷 검색 중에 삼성생명의 '가족시간 계산기' 동영상을 본 적이 있다. 가족과 보낼 수 있는 순수한 시간이 얼마 남지 않았다는 내용이었는데 오랜만에 느껴본 감동적인 내용이었다. 나도 재미삼아 해보았는데 가족과 보낼 수 있는 시간이 '3년'밖에 남지 않은 것으로 나왔다. 직장에 있는 시간, 자기계발하는 시간, 회식하는 시간, 출퇴근하는 시간 등을 제외하고 순수하게 가족과 함께할 수 있는 시간을 예측해 보면 생각보다 많지 않다는 사실에 놀라게 된다. 그래서 지금 가족과 함께하는 이 순간들이 우리들에게 기적인 것이다.

사실 가족의 소중함을 느끼는 경우보다 그렇지 못한 사람들이 더 많다. 그 이유는 가족은 너무도 당연하게 내 옆에 있기 때문이다. 회사 동료들에게도 가족과 보낼 수 있는 시간에 대해서 생각해본 적이 있냐고 물어본 적이 있다. 하지만 어떤 누구도 나처럼 진지하게 생각하지는 않았다. 아마도 내가 겪었던 일들을 그들은 겪어보지 못했기 때문이라고 생각한다. 하지만 언젠가 소중한 사람을 잃게 되면 나와 같은 마음을 갖게 되지 않을까. 20대 초반의 철없던 내가 그랬던 것처럼 말이다.

4
최선을 다한 그대에게 박수를

"또 실패했는가? 괜찮다. 다시 실행하라. 그리고 더 나은 실패를 하라."
– 사뮈엘 베케트

내 이름 석 자를 지으신 친할아버지는 손자가 자라서 '판·검사'가 되기를 바라셨다고 한다. 친인척 중에 법조인이 없던 나는 중학생 때 전국을 강타한 저녁 드라마 〈모래시계〉의 애청자가 되면서 '정의로운 검사'가 되어 불의에 맞서겠다고 다짐했다. 보통중·고등학교를 거치면서 장래희망이 여러 번 바뀌기 마련인데 나는 이십 대 중반이 될 때까지 한 번도 검사의 꿈이 바뀐 적이 없다. 10대 중반부터 20대 중반까지 〈모래시계〉 강우석 검사가 드라마에서 했던 대사를 되뇌며 힘들 때마다 읊조리곤 했으니 얼마나 그 의지가 대단했겠는가.

하지만 아버지가 돌아가신 후에는 경제적 여건 때문에 더 이상 공부를 계속할 수 없었다. 그래도 조금은 미련이 남아서 어머니께 부탁드렸다. 1년 동안 죽기 살기로 공부를 해 보고 실패하면 취업을 하겠다고 말이다. 그런데 사람 운명이라는 것이 너무도 이상했다. 아버지 살아계실 때 편하게만 공부했던 내가 그렇게 떨어졌던 사법시험 1차인데 2005년도 그해에는 아주 우수한 성적으로 합격을 하게 된 것이다.

최상위권에 들었기 때문에 사법시험 2차를 편한 마음으로 준비를 하였다. 하지만 경제적으로 뒷받침해줄 수 있는 집안 환경이 아니어서 비싼 학원 강의는 최소화하고 서점에서 파는 강의 테이프를 구해서 공부를 하였다. 물론 독서실도 다닐 수 없어서 집 주변의 생활주민센터 2층에 마련된 도서관에 출퇴근 도장을 찍으며 아침 9시부터 밤 10시까지 공부를 하였다.

오전에 하루 공부 분량을 정하고 저녁에 그날 배운 내용을 복습하는 방법으로 진도를 나갔는데 생각만큼 쉽지 않았다. 주변에서는 스터디를 조직하였지만 그러기 위해서는 신림동에 들어가야 했다. 그런데 돈이 한두 푼 들어가는 것이 아니라는 것을 친구로부터 들었기 때문에 망설일 수밖에 없었다. 단순 계산을 해도 매달 100만 원 정도 필요한데, 우리 집은 그럴 만한 경제적 여유가 없었다. 혼자 가계를 꾸려 나가는 어머니께 불효하는 것이라는 생각에 아무 말도 할 수 없었다. 그래서 남과 비교하지 않고 주어진 환경에 초연해지기로 마음먹었다. 사법시험 2차 기간 내내 주문같이 외웠던 말이 있다.

"지금은 상황이 변했어. 남들 페이스는 신경 쓰지 말자. 나한테 주어진 환경에 맞춰서 공부하면 돼. 불안해하지 말고 나의 페이스로 밀고 나가자."

어머니가 속상해하실 것 같아서 말하지 않았지만 학교에 복학해서도 점심과 저녁을 동시에 해결할 수 있는 4시 이후에 학교 구내식당을 이용하였다. 3,000원이면 두 끼를 해결할 수 있으니 일석이조라는 생각에서였다. 그리고 학교 수업이 없는 날이면 공부하러 학교도서관을 자주 갔었는데 어느 순간부터 지하철비까지 부담으로 다가왔다. 왕복이면 2,000원인데 그 돈이면 김밥 한 줄을 사먹을 수 있어서 고민스러울 때가 많았다. 그래서 지갑에 돈이 없는 날에는 인근의 생활주민센터에서 공부를 하곤 했다. 그때마다 어머니가 물으시면 "요즘 학교보다 생활주민센터가 공부 분위기 더 좋아요. 학교 왕복하는 시간을 아껴서 책 한 자라도 더 봐야죠."라고 둘러대며 집을 나섰다.

게다가 학교를 가게 되면 나를 우울하게 만든 것들이 한둘이 아니었다. 친구들을 만나게 되면 식사를 하거나 커피를 마시면서 돈을 쓰기 때문에 최대한 만나는 것을 피해야 했다. 그리고 연인들이 끼리끼리 다니면서 즐거운 학창 시절을 보내는 것이 나와는 너무 달라 보였기 때문에 큰 스트레스로 다가왔다. 나에게는 너무나 사치스러운 일이었기 때문이다. 그래도 공부하다 졸음이 몰려올 때 마시는 150원짜리 자판기 커피는 우울한 마음을 달래 주었다. 나는 가난이 인생을 불편하게 할 수는 있지만 불행하게 만들어서는 안 된다고 생각한다.

성경에는 이런 구절이 있다. "생각하건대 현재의 고난은 장차 우리에게 나타날 영광과 비교할 수 없도다." 삶이 힘들 때마다 앞으로 펼쳐질 영광스런 날을 기약하며 가난과 외로움을 견디고 버텼다.

나는 책 읽기를 누구보다 좋아한다. 특히 공부하다 힘들 때면 성공한 사람들의 이야기를 자주 읽었다. 필요한 책은 학교도서관에서 대출하거나 주말마다 대형서점에 들러 서너 시간 동안 자리에 앉아 중요 부분만 속독했다. 성공한 사람들의 인생 방정식은 메모지에 적은 후 내 삶에 적용하였다. 비록 힘든 학창 시절이었지만 그때는 꿈이 있었고, 오늘보다 내일 한 단계 발전할 것이라는 기대와 확신이 있었다. 그래서 현실은 힘들었지만 정신만큼은 날로 강해져만 갔다. 찰리 채플린은 "당신의 영화 중 최고의 작품은 무엇입니까?"라는 물음에 "다음 작품입니다."라고 대답하였다고 한다. 오늘보다 내일이 기대되는 사람 나는 그런 사람이 되고 싶었다.

여의도에서 직장생활을 하고 있는 요즘 '먹고 싶은 음식'이나 '입고 싶은 옷'을 마음껏 살 수 있지만 지난 대학생활이 결코 불행했다고 생각하지는 않는다. 학교도서관 책상에 앉아서 끄적였던 목표, 꿈, 계획은 가난에서 벗어날 수 있는 유일한 통로였다. 하루 종일 '꿈'을 꾸면서 고통스러웠던 시간들을 버텨낼 수 있었다. 나무에게 물을 주듯 나에게 꿈이라는 물을 주며 세상 속에서 견딜 수 있는 맷집을 만들어 나갔다.

어찌 되었든 나는 1년간의 수험생활을 마치고 사법시험 2차를 치렀다. 잘했든 못했든 이제는 결과만을 기다릴 수밖에 없었다. 합격자 발표일은 다가오고 있었고 나는 점점 초조해져 갔다. 하루 종일 법률저널 인터넷 사이트에 접속해서 예상 합격 커트라인을 확인하기를 수백 번도 넘게 한 것 같다. 그러던 중 드디어 합격자 발표일이 다가왔다. 합격자 발표 당일에는 학교 수업이 있었다. 그래서 수업을 마치고 인터넷을 사용할 수 있는 장소에 가서 접속을 하였다. 그리고 떨리는 마음으로 수험번호를 입력하고 엔터 버튼을 눌렀다. 그런데 그 순간 심장이 멎는 것만 같았다.

"합격자 명단에 없습니다."

어느 정도 예상은 했지만 내가 합격자 명단에 없다는 이야기는 선뜻 받아들이기 힘들었다. 합격자가 1,000명인데 내가 그 안에 포함되지 않았다는 사실을 도저히 믿을 수 없었다. 동생도 때마침 전화를 걸어와서 합격 여부를 물었는데 많이 실망하는 눈치였다. 내심 기대하고 있던 어머니도 마찬가지였다. 사실 어머니는 아버지가 돌아가신 후 나의 시험 합격에 큰 기대를 하고 계셨다. 학교에서 최우등생이 될 정도로 우수한 학창 시절을 보냈기 때문에 내심 합격을 기대하고 계셨던 것이다.

"기대가 크면 실망이 크다."라고 했던가. 그때 어머니와의 갈등은 말로 다 표현할 수 없을 정도였다. 나의 낮아진 자존감과 어머니의 실망감이 충돌하면서 걷잡을 수 없이 서로에게 생채기를 냈다. 어머니가 "누구 집 아들은 사법고시, 행정고시 모두 합격을 했다던데 너는 왜 하나도 합격 못 하냐?"라고 말씀하시면 나는 지지 않고 "그럼, 공부할 때 경제적으로 지원을 많이 해주셨으면 되잖아요!"라고 대들었다.

나는 최선을 다했는데 나를 실패자, 패배자로 보는 것이 죽기보다 싫었다. 그리고 26살이 될 때까지 군대도 미루고 취업 준비도 하고 있지 않던 내게 이제 인생을 어떻게 살 거냐고 걱정해 주는 사람들의 소리가 진정으로 걱정해 주는 소리로 들리지 않았다. 지금 생각해 보면 낮아진 자존감 때문에 사람들의 이야기를 왜곡해서 들었던 것 같다. 주변 사람들이 나를 무시하고 조롱한다는 생각이 머릿속을 떠나지 않았다. 결국 사람들 만나는 것도 피하게 되고 늦은 밤에 외출하는 등 사람들을 멀리하게 되었다. 이런 나를 어머니는 너무도 걱정하셨다. 한 3개월 정도를 폐인같이 살았던 것 같다. 집안의 커튼을 치고 밖으로 나가기를 꺼려했으니 오죽했겠는가.

그러던 중 이런 생각을 하게 되었다. '내 인생이 너무 아깝다. 그동안 꿈을 믿고 살아온 내 청춘에게 미안하다.' 아직 나는 26살이고 인생의 절반도 살지 않았는데 그런 내가 실패자라고 시인하며 삶을 포기하고 있었던 것이다. 참 어리석다는 생각이 들었다. 더군다나 나는 남은 가족들을 책임지겠다고 아버지께 다짐했었는데, 그런 내가 삶의 의욕을 잃고 가족들을 실망시키고 있었다.

'아니야. 이건 아니야. 적어도 나는 이렇게 살 운명이 아니야. 지금 내가 겪고 있는 일은 인생에서 먼지나 티끌만큼이나 아무런 일도 아니야. 나는 잠깐 실수한 것에 불과해. 나는 다시 일어설 수 있고, 앞으로 더 잘될 거야.'

스스로를 위로하고 또 다짐했다. 그래서 어느 날 저녁 어머니께 조심스럽게 말을 꺼냈다. 늦었지만 이제라도 군대를 다녀와서 회사에 취업을 하겠다고 말이다.

빅터 프랭클은 "우리가 더 이상 상황을 바꿀 수 없을 때, 우리는 자신을 변화시키도록 도전받는다."라고 하지 않았던가. 사실 위대한 삶을 살다가 간 사람들은 실패를 대하는 태도가 다르다는 것을 알 수 있다. 엘머 G. 레터맨은 "사람은 여러 번 넘어질 수 있지만, 누군가가 그를 밀었다고 말하기 전까지 그는 실패자가 아니다."라고 했다. 빌 메리어트는 "실패? 나는 한 번도 이와 마주친 적 없다. 이제까지 내가 만났던 것은 잠깐 동안의 걸림돌이었을 뿐이다."라고 하며 실패라는 결과에 집중한 것이 아니라 실패를 성공을 위한 과정으로 관점을 달리해서 보았다.

생각이 이쯤에 미치자 그동안 미뤄두었던 군대 문제를 해결해야겠다는 생각이 들었다. 동생은 이미 카투사를 전역해서 예비군 훈련을 받고 있었다. 그러던 어느 날 병무청에서 입대통지서를 받았다. 306보충대로 입소하라는 내용이었다. 그런데 막상 군에 입대하려 하니 내 모습이 어쩔 수 없이 군대에 끌려가는 사람처럼 보였다.

학창 시절 헬스와 검도로 몸을 만들어 놓아서 친구들은 내가 해병대나 수색대대에서 생활할 체질이라고 했다. 그 정도로 체력 하나 만큼은 누구보다 자신이 있었다. 그런데 '이제 군에 입대하면 27살인데 힘든 군 생활이 될 것이 너무도 뻔한 곳을 가는 것이 제대로 된 선택일까?' 하는 생각이 들었다.

찰스 아워슬러는 사람들이 '과거에 대한 후회'와 '미래에 대한 두려움'이라는 두 도둑들 사이에서 스스로를 학대한다고 말했다. 그래서 그런지 잊으려고 하면 떠오르는 과거에 대한 후회와 미래에 대한 불안한 마음을 진정시키는 것이 너무도 어려웠다.

'군대를 제대하면 30살이고 바로 취업을 해야 하는데 난 어떻게 해야 하지?'

스스로에게 묻고 또 물었다. 남들은 군 생활 2년을 버리는 시간이라고 말한다. 하지만 나는 그 시간을 버리는 시간으로 만들어서는 안 되었다. 그러기에는 내 나이가 너무 많았다. 2년이란 시간은 나를 한 단계 성장시키는 도약의 시간이어야만 했다. 그때까지만 해도 군대 2년을 마치고 '어디에 취업을 할지', '어느 회사를 지원해야 할지'를 구체적으로 생각해 본 적이 없었다. 당시 내겐 '꿈'이 없었다. 왜냐하면 나는 10년 이상을 검사의 꿈만 안고 살아왔다. 그런 내가 다른 '꿈'을 계획해서 그것을 위해 준비해야 한다고 하니 어디부터 다시 시작해야 할지 감이 오지 않았다.

그때 남동생은 대학 마지막 학기를 다니며 대기업에 원서를 내고 있었다. 동생의 목표는 명확했다. "난 증권사 애널리스트가 될 거야." 증권사 애널리스트의 기업 보고서가 주가에 미치는 영향 등을 익히 알고 있었던 나는 동생의 꿈이 많이 부러웠다. 여의도에 근무하면서 한국 금융계의 일원이 되겠다는 당찬 포부는 그동안 잠자고 있던 나의 '꿈'을 가슴 깊은 곳에서 끄집어냈다. 내가 군 입대를 하던 그 해, 동생은 모 증권사에 합격한 후 애널리스트로 사회생활을 하게 되었다. '그래, 이제는 내 차례다. 동생이 아버지 없이 홀로서기 한 것처럼 나도 내 힘으로 일어나보자.' 나는 속으로 몇 번이고 되뇌었다.

노자는 "만약 당신이 방향을 바꾸지 않는다면 당신은 결국 지금 향하고 있는 곳으로 갈 것이다."라고 했다. 그리고 세르반테스는 「돈키호테」에서 "이룰 수 없는 꿈을 꾸고, 이루어질 수 없는 사랑을 하고, 견딜 수 없는 고통을 견디며, 닿을 수 없는 저 밤하늘의 별을 따자."라고 했다. 과거에 얽매여 있는 사람이 아니라, 툭툭 털고 일어나 다시 앞으로 걸어 나가는 것이 나의 원래 모습 아니었던가. "주어진 시간 안에 이루지 못하는 일은 내 것이 아니다."라는 값진 경험을 했다고 생각하니 큰 위안이 되었다.

〈대학생 후배들을 위한 팁〉

대학 내내 받은 장학금을 모두 계산해 보니 1,000만 원 가까이 되었다. 요즘에야 한 학기 등록금이 500만 원이지만 예전에는 훨씬 적었다. 결국 3학기 등록금은 학교의 도움으로 다녔다고 해도 과언이 아니다. 학업과 아르바이트를 병행하면 공부할 시간도 부족하고 체력적으로 힘들다. 그래서 부모님께 도움을 받기 힘든 학생들은 학과 성적을 잘 받아서 장학금에 도전하는 것이 돈 버는 방법이다.

어려운 가정 형편에 학교로부터 받은 장학금은 아버지의 빈자리를 채워 주었고, 어머니의 무거운 어깨를 조금이나마 가볍게 해드릴 수 있었다. 학교마다 차이가 있지만 보통 장학금을 받기 위해서는 학교 성적이 4.0을 넘어야 한다. 그래서 쉬어가는 의미로 내가 사용했던 학점관리비법을 공개한다. 먼저 대학생활을 경험해 본 선배가 해주는 조언은 꿀보다도 더 달달할 것이다.

① 자신의 강점을 분석해서 발표나 팀워크를 이뤄서 진행되는 수업에 자신이 있으면 해당 수업을 신청해서 수강하고, 혼자 하는 공부에 자신이 있으면 수업의 강도가 어찌 되었든 강의식으로 진행하는 수업을 신청해서 들어라. 나는 후자에 속했는데 항상 수업 시간에 교수님이 보이는 앞자리에 앉아서 수업의 모든 내용을 필기했고 쉬는 시간에는 교수님과 친해지려고 음료수 한 캔 사들고 이것저것 물어보았다.

② 수업 시간에 배운 내용은 학교 이동 간에 항상 반복해서 읽으면서 암기를 해라. 모든 공부는 5번만 보고 읽고 암기하면 완벽히 대비가 된다. 처음 읽을 때는 이해가 되지 않던 것도 횟수를 더해 가면서 이해가 되고 응용력도 생기기 마련이다. 나는 중간고사, 기말고사 기간에는 밤새워 공부를 하지 않았다. 왜냐하면 매 시간 강의를 듣고 정리된 노트를 들고 다니면서 읽고 또 읽었기 때문에 굳이 중간고사, 기말고사 때 공부할 이유가 없었다. 그래도 내가 쓴 답안지는 항상 남들보다 분량이 많았다. 왜냐하면 5번 읽다 보면 자연스럽게 사진처럼 내가 필기한 내용이 그림처럼 떠올랐고, 볼펜을 잡고 그대로 써나가면 완벽한 답안이 되었기 때문이다.

학교성적 때문에 고민하는 친구들은 나의 방법을 사용해 보기 바란다. 직장생활을 하면서 야간에는 법무대학원 학생으로 생활하고 있는데 위의 방법들을 통해 성적장학금을 받았다. 그래서 여러분들에게 따끈따끈한 조언이라 생각한다.

5
때론 인생에도 쉼표가 필요하다

"어려운 일은 시간이 해결해 준다."
- 이솝우화

늦었지만 지금이라도 군에 입대해야겠다고 결심하였더니 온통 정신은 군대에만 꽂혀 있었다. 그래서 당장 지원해서 갈 수 있는 특기병을 국방부 홈페이지를 통해 검색하였다. 그러던 중 먼저 군 생활을 한 선배가 공군에 가면 공부할 시간도 충분하고, 공부도 제법 많이 한 친구들이 오기 때문에 합리적인 병영생활을 할 수 있을 것이라고 조언을 해 주었다.

그런데 육군보다 3개월 정도 긴 복무기간이 문제였다. 20대 초반이었다면 3개월이 그리 크게 다가오지 않았겠지만 나는 전역을 하면 30살이었기 때문에 3개월조차 무시할 수 없었다. 하지만 다른 대안이 없었기 때문에 인터넷으로 공군 입대 지원을 하였다. 다행히 평소 조깅을 통해 체력관리를 해서 그런지 어렵지 않게 체력검정을 통과한 후 공군 입대를 확정받았다.

그러던 어느 날, 나는 눈에 띄는 모집병 지원 소식을 알게 되었다. 포스터에는 이렇게 씌어있었다.

「특전사 특전병 2기, Nothing is impossible」

검은 베레모를 쓰고 군 생활을 할 수 있고, 부대 위치도 대도시 인근에 있다고 했다. 그리고 무엇보다 공수훈련을 마친 후에는 정기적으로 낙하산 강하를 하기 때문에 일반 사병보다 월급이 많다고 했다. 특전사 장병들은 강하수당(생명수당이겠지만)을 받기 때문이었다. 평소 집 근처에 있는 특수전사령부와 3공수여단에 복무하는 장병들이 휴가 나오는 모습을 자주 보았는데 누구보다 늠름한 모습에 강한 인상을 받았다.

'평생 한 번 하는 군 생활인데 특전사에 도전해 볼까?'

나는 바로 인터넷으로 특전사 특전병 2기 지원을 하고 체력검정과 면접을 보게 되었다. 다행히 우리 집 근처인 특전사 3공수여단에서 체력검정을 하게 되어 편한 마음으로 준비된 체력을 유감없이 발휘하였다. 1.5km 달리기, 윗몸일으키기, 팔굽혀펴기 등 특전사 장병들의 감독하에 체력검정을 마친 후 최종 면접을 하였다. 체육관 내 테이블에는 특전사 간부들이 앉아 있었다.

"늦은 나이지만 군 생활 잘할 수 있겠냐?", "나이 어린 선임들하고 잘 지낼 수 있겠냐?", "고소공포증이 있으면 강하훈련을 할 수 없는데 자신 있냐?" 등의 질문을 쏟아 냈다. 무슨 자신감이었는지 모르겠지만 "무조건 자신 있다."라는 답변을 했던 것으로 기억한다. 그때는 꼭 합격하고 싶은 마음뿐이었다. 당시 체력검정과 면접 진행을 도와주었던 3공수여단의 한 장병은 자신도 늦게 입대한 케이스라고 소개했다. 27살이지만 특전사에서 잘 생활하고 있다며 군 생활에 대해서 너무 걱정을 하지 말라고 이야기를 해주었다.

사람 마음이 다 그렇듯이 그 한 명의 따뜻한 조언이 특전사 전체의 모습으로 각인이 되어 꼭 입대하고 싶다는 욕심이 생겼다. 다행히 며칠 후 합격자 명단에서 나의 이름을 확인할 수 있었다.

나는 군대도 자신의 스펙이 될 수 있다고 생각한다. 아버지가 육군 대위 출신이었기 때문일 수도 있지만 남자는 군대에서 사나이도 거듭난다는 생각을 갖고 있기 때문이다. 군대에서의 2년은 진짜 '나'를 찾아서 나오는 시간이라고 확신한다.

누군가는 2년이라는 시간을 버리는 시간, 흘러가는 시간, 죽이는 시간이라고 불평한다. 하지만 내가 어릴 적에 아버지는 항상 말씀하셨다. '군 생활은 국가에 대한 충성심, 조직생활 경험, 리더십, 희생정신, 인내심, 시간관리 노하우를 배울 수 있는 소중한 시간'이라고 말이다. 그래서 2년의 군 생활을 도약의 기회로 삼을 수 있다고 생각했다.

당시 나는 전역 이후의 취업 문제에 대해서 머릿속으로 늘 고민하고 있었다. 취업에 유리한 스펙이라고는 전혀 없던 나는 누가 봐도 고시 실패자에 불과했다. 그래서 취업 합격전략이 필요했다. 그때 머릿속을 스쳐지나간 것이 '어차피 내 삶에서 고시 실패라는 경험을 지울 수 없다면, 그것을 기회로 만들어 보는 것은 어떨까?' 하는 생각이었다. 지난 경험들을 인사 담당자나 면접관들이 관심을 갖게 할 나만의 스토리로 꾸며보는 것 말이다.

요즘에야 스토리텔링이 보편화되었지만 당시만 해도 누구 하나 자기소개서에 본인의 스토리가 있어야 한다고 조언해 주는 사람은 없었다. 그래서 취업 성공사례가 담긴 책을 읽으면서 남들과 차별화하기 위한 무기를 만들어야겠다는 생각을 하였다. 그래서 생각해 낸 것이 '진짜사나이 프로젝트'였다. 진짜사나이 프로젝트로 어렵다는 취업의 문을 열어 보자는 것이었다.

나는 취업 준비를 상병인 29살이 되서야 시작했다. 남들보다 한참 늦었고 부족했다. 인턴생활, 900점 이상 토익 점수, 공모전 수상, 어학연수 등 요즘 갖춰야 한다는 스펙이라고는 전혀 없었다. 육상선수로 치면 출발선에서 넘어지는 바람에 늦게 출발하였다고 표현하면 적절한 비유일 것이다. 동생은 내가 사람 구실(?)을 하지 못할 것이라고 했다. 주변 친구들 중에 다양한 스펙을 쌓아도 취업하지 못하는 경우가 많았기 때문에 내가 대기업에 취업하는 것이 현실적으로 불가능해 보였던 것 같다.

그런 내가 한국의 월가, 여의도에 입성할 수 있었던 이유는 이 '진짜사나이 프로젝트'가 나만의 스토리가 되어 다른 취업 준비생과 차별화를 시켜주었기 때문이라고 생각한다. 미국의 전설적인 농구선수 마이클 조던은 이렇게 말했다. "만약 당신이 다른 사람들의 예상들, 특히 부정적인 것들을 받아들인다면 그때는 당신이 결코 그 결과를 바꿀 수 없을 것이다."라고 말이다. 나에 대한 확신, 그리고 방향성에 대한 자신감 때문에 다른 사람들의 걱정스런 눈빛과 표정에 별로 개의치 않았다.

그런데 오해는 하지 않았으면 좋겠다. 특전사를 다녀왔기 때문에 취업을 잘했다는 식의 이야기를 하려는 것이 아니다. 군 생활 동안 시행착오를 반복하며 준비했던 과정들이 취업의 문을 열어주었고, 이 과정들을 통해서 얻게 된 노하우를 여러분과 공유하고 싶을 뿐이다. 우리 가족을 포함해서 주변 친인척 중에는 취업에 대한 노하우를 알려주거나 고민에 대해 조언해 줄 만한 멘토가 없었다. 그래서 항상 '맨땅에 헤딩' 하는 식으로 나만의 방법을 통해 문제를 해결해 왔다.

이 책을 읽는 사람 중에는 가족이나 친인척, 학교 선배로부터 취업 성공에 대한 노하우를 들어볼 기회조차 없는 경우도 있을 것이다. 그래서 다른 사람에 비해 정보력이 떨어진다고 불평하고 내 주변 환경을 원망하는 사람들이 있을 것이다. 그렇지만 자신의 상황을 고민하거나 원망하지 말자. 왜냐하면 인터넷에는 정보들이 넘쳐나고, 서점과 도서관에는 다른 사람들의 경험이 고스란히 녹아있는 책들이 매일 쏟아져 나오고 있기 때문이다. 그래도 멘토가 필요하다면 당신보다 일찍 아픈 청춘을 경험했던 나의 이야기가 도움이 되었으면 좋겠다.

여의도맨이 된 후에 '꿈', '열정', '도전', '군대', '연애' 등 고민 상담을 해오는 후배나 동생들이 많다. 나의 조언과 방향 설정이 길을 헤매는 누군가에게 도움이 되는 것을 보고 제대로 살아왔다는 안도감과 함께 재능의 일부를 나눈다는 기쁨도 느낄 때가 많다. 나는 그들에게 꿈과 도전에 대해서 이야기한다. 그리고 다른 사람이 원하는 삶이 아닌 자기가 주인공이 되어 걸어가는 인생을 살라고 강조한다.

다시 군대 이야기로 돌아가 보면, 특전사 특전병 2기에 합격을 한 후 병무청으로부터 2007년 6월 11일 논산훈련소에 입대하라는 통보서를 받았다. 우리 집 아파트에서 남한산성이 있는 곳을 바라보면 경기도 광주 특전교육단에서 공수훈련을 하는 특전사 장병들이 낙하산 강하를 하는 모습을 자주 볼 수 있다. 그래서 그런지 어머니는 내가 특전사에 자원입대를 한다고 했을 때 걱정을 많이 하셨다. 어디 몸 하나 다쳐서 나올 수도 있고, 훈련하다가 죽을 수도 있다는 이야기를 주변에서 많이 들었기 때문이다.

걱정하는 어머니를 안심시켜 드리기 위해서 강하수당을 받으면 맛있는 음식을 많이 사드릴 수 있고 아버지도 특전사에 입대하려는 아들을 대견해 하셨을 거라는 이야기를 빠뜨리지 않고 했다. 그리고 힘든 군 생활을 해야지 다시 사법시험 공부를 하겠다는 생각을 접을 수 있지 않겠냐는 말도 덧붙였다. 하지만 겉으로는 당당하고 의연하게 보이려고 노력했지만 나도 보통의 대한민국 남자들과 다르지 않았다. 군 입대 날짜가 다가오니 마음이 심란했다. 새로운 환경에 적응하는 것과 나이 어린 선임들과 군 생활을 해야 하는 상황을 견딜 수 있을지 걱정이 되었다.

때마침 TV에서 남자 연예인들이 군 입대를 기피하다가 병무청이 강제로 징집해 간다는 보도가 연일 계속되고 있었다. 모두 서른 살이 훌쩍 넘은 나이였다. 그들에 비교해 보면 나는 그래도 나은 편이라는 생각이 들었다. 이미 주사위는 던져진 것이고, 어릴 적에 주사를 맞기 싫다가도 급우들보다 먼저 맞고 나면 후련했던 것처럼 눈 딱 감고 갔다 오기로 마음을 고쳐먹었다. 그러니 마음이 진정이 되었다.

입대하기 2주일 전에는 평소 친하게 지내던 고등학교 친구들과 저녁을 먹었다. 오랜만에 만나서 이런 저런 이야기를 하다가 노래방에 갔었는데 한 친구가 〈이등병의 편지〉를 불러주었다. 함께 나가서 불렀는데 감정에 복받쳐서 눈물이 나오려고 했다. 2년 후에 건강한 모습으로 지금 모인 친구들과 다시 볼 수 있기를 마음속 깊이 기도했던 기억이 난다.

2007년 6월 11일. 드디어 대망의 입대일 아침이 밝았다. 전날 밤 바리깡으로 머리를 삭발하다시피 해서 어색한 상태로 잠이 들었다. 긴장을 해서 그런지 이른 새벽에 눈을 떴다. 전날 챙겨놓은 짐을 짊어지고, 어머니께 "군대 잘 다녀올게요." 하며 짧은 인사를 남기고 집을 나섰다. 늦은 나이에 군 입대하는 아들을 보면 마음 아프실 것 같아서 어머니께는 혼자서 논산훈련소에 간다고 말씀드렸다. 고속버스를 타고 남쪽으로 내려가는 길에 세상 풍경을 눈에 많이 담아두었다. 한동안 볼 수 없다는 생각이 드니 평소에 보던 모습도 소중하게 다가왔다.

논산에 도착해서 훈련소장으로 가는 길에는 군 입대하는 아들과 함께 마지막 시간을 보내는 가족들이 많이 보였다. 눈물을 훔치는 아버지, 어머니의 모습을 보니 나도 모르게 숙연해졌다. 그때 문득 돌아가신 아버지의 모습이 떠올랐다.

'아빠, 나 이제 논산훈련소에 입소해요. 저 문을 통과하면 어떤 세상이 펼쳐질지 모르지만 그래도 꿋꿋하게 버티면서 많이 배우고 나올게요. 몸 상하지 않고 잘하고 올 테니까 걱정하지 마세요.'

논산훈련소에서 정해진 일정에 따라 행사를 마친 후, 인솔 교관이 가족들과 작별 인사할 시간을 주었다. "입소 장병들은 앞에 계신 가족들에게 인사를 합니다. 인사 후에는 교관의 지시에 따라 이동을 합니다." 교관들은 무표정하면서 강하고 단호하게 말했다. 우리들은 누구의 가족이랄 것도 없이 모두에게 거수경례를 하고 2년 후에 다시 만날 것을 기약했다.

CHAPTER 2

특전사,
진짜사나이 프로젝트

1
논산훈련소, 최고령 훈련병

““나의 가는 길을 오직 그가 아시나니
그가 나를 단련하신 후에는 내가 정금같이 나오리라.”
– 욥기 23:10

대한민국 남자라면 누구나 한번쯤은 거치는 장소이지만, 그만
큼 두려움의 대상이 되기도 하는 곳이 바로 '논산훈련소'이다. 나
도 그랬었고 함께 입소한 나이 어린 친구들의 눈에서도 새로운
환경에 대한 설렘보다는 경험해 보지 않은 것에 대한 두려움이
커보였다.

“까라면 까는 거지 무슨 말이 많아?”, “군대는 다 요령이야.”,
“군대는 줄만 잘 서면 되니까 괜히 튀는 행동하지 마.”, “몸에 옷
을 맞추지 말고 옷에 몸을 맞춰야 해.”, “군대는 밥도 5분 만에
먹어야 하고, 화장실은 허락을 받지 않으면 갈 수 없어.” 등 확인
되지 않은 내용을 듣고 입대를 하였기 때문에 나 역시 군 생활을

많이 걱정하였다. 더군다나 다른 훈련병보다 7~8살 많은 내가 적응을 잘할 수 있을까 하는 생각도 많이 들었다.

하루는 빨간색 모자를 푹 눌러 쓴 건장한 조교가 다가와서 말을 걸었다. "이번 기수에 입대한 사람 중에 O번 훈련병(나를 가리키면서)이 제일 나이가 많다."라는 이야기를 해 주었다. 지난 기수에 나이가 많은 사람이 입대했는데 며칠 훈련하다가 힘들다며 화장실에서 목을 매 자살을 했다고 하면서 말이다. 나에게도 경솔한 행동을 하지 말라고 신신당부를 하는데 썩 기분이 좋지는 않았다. 내가 자살이라도 한단 말인가?

실제로 입소한 후 잠시 대기했던 생활관에서 한 친구가 집에 가겠다며 조교에게 절박하게 이야기하는 것을 보았다. 나이도 20대 후반으로 꽤 많았던 것으로 기억한다. 조교는 오늘 퇴소하게 되면 다음번에 다시 입소해야 하는데 조금만 참아보라고 했지만 그 친구는 결국 짐을 싸들고 퇴소를 하고 말았다.

나는 2년간의 군 생활 중에 논산훈련소에서의 5주간의 훈련기간이 제일 즐거웠다. 다른 사람들은 어떨지 모르겠지만 말이다. 왜냐하면 몇 년 동안 혼자 고시원에 들어앉아 공부만 하면서 사람을 그리워했던 내가 하루 종일 함께 부대낄 수 있는 동기들을 만났기 때문이다. '전투화 끈 매는 법', '군장 꾸리는 법', '전투화

광내는 법'과 같이 기본적인 것을 배우고, 군 입대 전에는 어떻게 살아왔고 전역을 하면 무엇을 하고 싶은지 등을 물어보면서 우리는 시간 가는 줄 몰랐다.

군대라는 곳은 사회와 단절된 폐쇄적인 공간이다. 외부와 차단된 채 훈련을 받다 보면 세상이 어떻게 돌아가는지 전혀 알 수가 없다. 그래서 그런지 훈련소 내에서 우리들은 너무 쉽게 친구가 되었고 또 가족이 되었다. 아마도 의지할 데 없는 같은 처지의 남자들끼리 동질감을 느꼈기 때문이었던 것 같다. 무더운 여름에 훈련을 마치고 함께 목욕탕에서 샤워를 하고, 함께 종교행사에 참석해서 초코파이 등 간식을 먹는 재미에 시간이 어떻게 흘러가는지 몰랐다. 그래서 5주간의 군사교육이 끝난 후 서로 배치받은 자대로 뿔뿔이 흩어질 때는 이산가족이 상봉했다가 헤어지는 것처럼 많이 아쉬웠다. 우리들은 남은 군 생활을 잘 마칠 수 있기를 빌어주면서 서로를 축복해 주었다.

나는 논산훈련소 때 같은 소대에서 생활했던 동기와 전역한 후에도 연락을 하며 서로 안부를 물을 정도로 가깝게 지내고 있다. 특히 용주란 친구는 나보다 나이는 어렸지만 시쳇말로 '빠릿빠릿'해서 군 생활을 잘했던 녀석이다. 용주는 3군단에 배치되어 멋진 군 생활을 하였고, 우리의 우정은 2년이라는 군 생활 동안 서로 편지를 주고받으면서 계속 유지되었다. 지금도 용주가 학교생활이나 취업문제로 힘들어할 때면 여의도나 일산에서 만나 나의 경험을 들려주고 희망을 북돋아주곤 한다. 용주는 군 생활을 통해서 얻게 된 소중한 동생이다.

논산훈련소에서의 훈련 기간은 이른바 사제물(?)을 빼고 군인으로 탈바꿈하기 위한 준비과정이다. 먼저 군 생활을 한 선배로서 이제 군 입대를 앞둔 동생들에게 조언을 해 준다면 다음의 사항 정도만 꼭 기억해 두었으면 한다.

군대 대화체를 꼭 숙지하자

군대에서 모든 대화는 '다', '나', '까'로 끝나야 한다. 우스운 이야기지만 제대 후에 복학을 하였는데 교수님의 질문에 "아니지 말입니다."라고 해서 후배들이 박장대소했던 일이 있다. 그 정도로 군대 대화체는 중독성이 강하다. 내용을 이해하지 못한 경우에는 "잘 못 들었습니다?"라고 하며 다시 이야기해 줄 것을 요청해야 한다. 그리고 압존법에도 주의가 필요하다. 군대는 장교와 부사관, 병으로 구분되는데 간부인 장교와 부사관 중에는 압존법에 상당히 민감한 분들이 있다.

예를 들어 본부대장(대위, 36세) 〉 행정보급관(원사, 50세) 〉 상병(23세)이 있다고 하자.

본부대장님, 행정보급관이 전화했었습니다. (O)

본부대장님, 행정보급관님이 전화했었습니다. (X)

목소리를 크고 자신 있게 하자

알던 모르던 자신감 있는 목소리는 군대에서 사랑받는 비결이
다. "○○번 훈련병 ○○○"라는 단순한 내용도 여러 번 실수하는
것이 훈련병이다. 그런데 목소리까지 작으면 빨간 모자 조교들은
교육 대신 여러분에게 얼차려를 부여할 것이다.

행동은 신속하게 하자

제아무리 사회에서 게을렀다고 해도 일단 입대를 하였으면 행
동은 민첩하고 신속해야 사랑받는다. 전쟁이 났는데 느림보처럼
행동을 한다면 어찌 싸움에서 승리를 할 수 있겠는가. 어떠한 상
황에서도 동작은 신속하게 하는 것이 벌점이나 얼차려를 받지 않
는 지름길임을 명심하자.

자신 없으면 중간이라도 하자

어찌 보면 소극적인 모습으로 비춰질 수 있지만 내 생각은 다
르다. 어떤 조직이나 튀는 사람을 별로 좋아하지 않는다. 군대라
는 조직도 마찬가지이다. 물론 생래적으로 군인 체질을 타고나서
제식동작이나 훈련 내용을 조교로부터 배우는 즉시 몸으로 습득
해버리는 친구라면 이야기는 달라지겠지만 그런 경우는 극히 예

외적이다. 적어도 내가 본 경험에 의하면 말이다. 실제로 입대 전에 친척 형이 군대에서는 줄을 서거나 훈련을 받을 때 중간에 서 있으면 된다는 이야기를 해 주었는데 많은 도움이 되었다.

무엇보다 전우애가 중요하다

훈련을 하다 보면 옆에 있는 동기가 체력적으로 힘들어하거나 훈련 내용을 숙지하지 못하는 경우를 보게 된다. 그때 동기를 챙기며 함께 훈련을 소화해 내도록 하자. 군대는 혼자서만 잘할 수 있는 곳이 아니다. 내가 잘한다고 해도 옆의 전우가 실수를 하면 연대책임을 묻는 곳이 군대이다.

2
난 대한민국 '이등병'이다

"희망과 근심, 공포와 불안 가운데
그대 앞에 빛나고 있는 하루하루를 마지막이라고 생각하라.
그러면 예측할 수 없는 시간은 그대에게 더 많은 시간을 줄 것이다."
– 호레스

특전사는 논산훈련소를 수료하고 바로 자대에 가는 것이 아니라 특수전사령부에서 잠시 대기를 했다가 자대 배치를 받게 된다. 논산을 출발해서 잠시 대기했던 특수전사령부 보충대와 우리 집은 10분 거리에 있었다. 그래서 같은 하늘 아래에서 어머니와 함께 있다는 것이 짧은 기간이었지만 큰 위로가 되었다.

특전사는 특수전사령부, 1여단, 3여단, 특수임무단(지금은 국제평화지원단으로 재편), 7여단, 9여단, 11여단, 13여단, 특전교육단으로 크게 분류된다. 주로 대도시 근처에 위치하고 있기 때문에 군 생활을 하기에는 더 없이 좋은 환경이다. 자대 배치는 이른바 뺑뺑이(?)를 돌려서 공평하게 진행이 되었는데, 1차 추첨에서 증

평에 위치한 부대에 당첨되어 기겁을 한 적이 있다. 너무 지방으로 내려가면 휴가 때 고생할 것이 분명했다. 그래서 2차 추첨에서는 서울에 남게 해달라고 마음속으로 계속 기도를 했다. 다행히 2차 추첨에서 인천에 위치한 특수임무단으로 최종 자대분류를 받게 되었다.

특수전사령부에서의 잠시나마 편한 생활을 뒤로하고, 자대로 떠나는 버스에 올랐는데 가는 내내 마음이 무거웠다.

'이제부터 진짜 군 생활이 시작되는구나……'

사실 군대를 다녀온 분들은 알고 있겠지만, 자대부터가 진짜 군 생활의 시작이다. 논산훈련소나 자대에 가기 전에 별도의 주특기 교육을 받는 경우가 있다. 이때는 동기들끼리 생활하기 때문에 선임과 직접 만날 일도 없고, 욕을 먹을 일도 없다. 나이가 동기들보다 훨씬 많았던 나는 논산훈련소나 특수전사령부에서의 생활이 천국과 같았다. 모두 나를 형처럼 잘 따라 주었고 나 역시 동생들과 지내는 것이 너무 행복했다. 이런 군 생활이면 평생 군대에 말뚝을 박아도 되겠다는 생각까지 했다. 그만큼 할 만했다는 이야기다.

이런저런 생각을 하다 보니 내가 탄 버스가 인천에 들어섰다.

밤 8시가 넘어서 특수임무단 정문을 통과한 후 운동장에 내릴 수 있었다. 본부대장에게 전입신고를 마친 후 생활관에 들어갔는데 아직도 그 긴장감이 돌던 무거운 공기를 잊을 수 없다. 처음 보는 선임들 앞에서 자기소개를 할 때는 제발 좋은 선임들만 있기를 계속 기도했다.

나는 특수전사령부에서 함께 자대 배치를 받고 온 동기 3명과 함께 막내 생활을 하게 되었다. 자대에 전입 온 그 다음 날, 입대 후 처음으로 맞닥뜨리는 문화적 충격이 있었다. 바로 계급에 따라 호칭을 부르는 것이었다. 사실 먼저 입대한 선임이 이후에 입대한 후임에게 반말을 쓴다는 게 정확한 표현일 것이다. 내심 나이가 많기 때문에 '설마 함부로 하겠어?' 하는 생각을 조심스럽게 해 보았는데, 나의 생각은 보기 좋게 빗나갔고 그날부터 나는 그야말로 병아리(?) 같은 생활을 경험하게 되었다.

먼저 입대한 선임들이 나보다 많은 경험과 지식으로 무장하였기 때문에 입대 후에는 계급이라는 나이에 따라 대우를 받는 것이 당연하다. 그래도 전역하는 날까지도 '나이' 때문에 겪은 마음고생은 이루 말할 수 없을 정도였다. 생전 들어보지 못한 욕을 들으며 이등병 생활을 하면서 어른들이 입버릇처럼 "군대는 어릴 때 가야 한다."라고 했던 이야기의 의미를 절실히 깨달았다.

한 번은 다른 생활관의 선임이 나에게 나이를 묻더니 "늦었다고 생각할 때가 정말 늦은 것이다."고 말하는 것이었다. 평소 '늦었다고 생각할 때 시작하는 것이 가장 빠른 것'으로 알고 살아왔던 내게 인생이 늦었다고 말하는 그 선임의 말에 순간 울컥했다.

'나도 알고 있다고! 내가 늦게 군 입대를 했고 지금까지 아무것도 이루어 놓은 것이 없다는 것을……. 그래도 당사자한테 직접적으로 말하는 것은 예의가 아니지 않나?'

속으로 불편한 마음을 갖고 있었지만, 겉으로는 웃는 얼굴로 맞장구쳐주며 선임의 이야기를 한동안 들어주어야 했다. 그래도 사람은 환경에 적응해 나가는 동물이어서 그런지 시간이 흐를수록 이등병 신분에 나도 모르게 익숙해지고 있었다.

3
특전사의 꽃, 공수훈련

"뛰어올라라.
그러면 어떻게 당신의 날개를 펼칠 수 있는지
낙하하면서 알아낼 수 있을 것이다."
– 레이 브래드버리

특전사에 입대한 자라면 반드시 거쳐야 할 관문이 있다. 바로 3주간의 기본공수훈련이다. 경기도 광주에 위치한 특전교육단에 입소하여 총 4회의 자격강하를 통과해야 진정한 특전사 장병으로 거듭나게 된다.

치누크 헬기와 C-130 수송기를 타고 지상 800미터 상공까지 올라가서 강하를 한다. 물론 항공기 자산이 부족한 경우에는 모형 기구를 타고 지상 300미터까지 올라가 강하를 하기도 한다. 사실 항공기 강하보다 모형기구 강하가 더 무섭다.

왜냐하면 모형기구에서 하는 강하는 63빌딩 가장 높은 곳에서 뛰어내리는 느낌이기 때문이다. 공수훈련을 받기 전에 선임들로부터 힘들다는 이야기를 수십 번도 더 듣고 입교를 했기 때문에 어느 정도 각오는 되어 있었다. 하지만 4회의 자격 강하 전에 받는 지상훈련은 그야말로 지옥훈련이었다. 강하 중에 발생하는 긴급 상황에 신속한 조치가 가능하도록 같은 동작을 반복 숙달하였는데 체력에 한계가 올 때가 많았다. 물론 그때마다 그만두고 싶은 생각이 굴뚝같았다. 목숨을 담보로 하다 보니 생전 경험해 보지 못한 인내력 테스트인 경우가 많았던 것이다.

어떤 훈련병은 모형기구나 항공기를 타고 강하지점에 올라가서 고소공포증을 호소하기도 했다. 결국 강하를 포기하고 내려오는 경우도 있었는데 이들은 퇴교를 당해서 육군 전방부대로 전출 가고 말았다. 물론 불명예스럽게 말이다.

나도 공수훈련의 뜨거운 맛을 본 사람 중에 한 명이다. 공수훈련은 매월 정해진 기수가 있는데 보통 같은 부대에서 몇 명씩 함께 간다. 그래서 3주간의 고된 훈련도 서로 챙겨주면서 보낼 수 있다. 나는 일병 때 공수훈련 대상자로 선정되어 한 겨울에 교육을 받게 되었다. 그런데 아쉽게도 공수훈련 중 발목을 접질려서 훈련을 받지 못하게 되었다. 선착순으로 들어와야 하는 아침 훈련이었는데 20대 초반의 혈기왕성한 남자들 100여 명이 한꺼번에 같은 지점을 향해 달린다고 생각해 보라. 순위 안에 들어와야 한다는 생각에 의욕이 너무 앞섰던 것이다. 아쉽기는 했지만 눈물을 머금고 자대로 복귀할 수밖에 없었다.

그래서 그 다음번 공수훈련 기수에 다시 참가할 때에는 평소 꾸준한 운동을 통해서 몸을 만들어 놓았다. 다행히 이후에 참가한 교육은 한여름에 있었는데 탈수증세 때문에 체력 고갈이 심해서 빨리 지친 것 말고는 겨울보다 교육환경이 좋았다.

사실 4번의 자격강하는 크게 힘들지 않았다. 정말 힘든 것은 무더운 여름날 강하복장을 한 채로 낙하산을 등에 메고 뛰어다녀야 하는 지상 훈련이었다. 엄청난 무게 때문에 허리가 휠 정도의 고통을 느꼈다. 앞에서 잠깐 이야기했듯이 강도 높은 훈련을 받는 이유는 실제로 강하를 하다가 사고가 발생하면 예비낙하산을 펴는 등 신속한 대처를 하기 위해서이다. 나도 몇 번의 포기하고 싶은 마음을 참아가며 한여름에 훈련을 받았던 기억이 난다. 모래가 입에 들어간 상태에서 점심 식사를 하는 경우가 다반사였고 딱히 입맛도 없었다. 그래서 3주간의 훈련을 마친 후 몸무게를 재 보았는데 8kg이나 감량이 되었다. 하루 훈련을 마치고 생활관으로 돌아온 날에는 발이 퉁퉁 부을 정도였고, 먼지 속에서 훈련을 받아서 목이 아픈 날도 많았다.

그래도 4번의 자격강하를 무사히 마치고 공수윙을 달았을 때는 그 어떤 것과 바꿀 수 없는 성취감과 무엇이든 해낼 수 있다는 자신감이 생겼다. 800~900m 상공에서 바라본 지상은 한없이 작기만 했고, 세상을 다 가진 것만 같은 착각마저 들었다. 공수훈련을 통해 배운 가장 큰 수확은 두려움은 꾸준한 노력에 의해서 극복할 수 있다는 것이다. 그리고 체력적인 한계를 극복한 경험을 통해서 '모든 일은 마음먹기에 달렸다'는 평범한 진리를 깨닫게 되었다.

사실 군 입대는 사법시험 실패라는 주홍글씨에서 도망가기 위한 도피 수단이었다. 27살의 나이에 대학을 졸업하지도 않았고, 사법시험을 공부하는 동안 취업 준비나 사회에 나갈 준비가 전혀 되어 있지 않았던 나의 모습은 누가 보아도 실패자였다. 오죽했으면 군대에서 고등학교만 졸업한 동생들이 나를 이상한 눈으로 바라봤을까? 자신들보다 8살이나 많은데 같이 군 생활을 하고 있으니 말이다. 정말 쥐구멍이라도 있으면 숨고 싶은 생각이 한두 번이 아니었다.

특히 아버지의 빈자리를 큰 아들이 채워야 하는데 늦은 나이에 군대를 가야 한다는 현실이 너무 절망스러웠다. 군대를 다녀와서 무슨 일을 해야 할지도 확신이 서지 않았다. 그야말로 내 인생이 꼬여버렸다는 생각에 하루하루가 괴로웠다. 훈련 중간에도 머릿속으로 계속 과거의 기억들을 더듬어 보면서 '더 잘할 수 있었는데······.' 하는 후회가 떠나지 않고 나를 괴롭혔다. 누구나 삶이 괴롭고 자신이 처한 현실이 절망스러웠던 적이 한 번쯤은 있을 것이다. 하지만 20살까지 아버지가 주는 용돈으로 편하게 공부만 했던 나는 그런 현실을 쉽게 받아들일 준비가 되어 있지 않았다. 그래서 자존감도 낮아지고 내 안의 부정적인 마음만 계속 키워나가고 있었다. 세상을 원망하면서 말이다.

그렇지만 공수훈련을 통해서 나는 새롭게 거듭났다. 아무리 힘들어도 끝까지 버티면 결국에는 이룰 수 있다는 사실을. 그리고 내가 가진 능력을 아직 100% 발휘하지 않은 상태에서 실패를 이야기하는 것은 바보 같은 생각이라는 것을 말이다. "이 또한 지나가리라."라는 유명한 말이 있다. 세상 모든 일은 끝까지 버티는 사람이 이긴다. 예전에 LA다저스의 박찬호 선수가 한 시즌에 최악의 투구를 한 후 절망감에 빠져 있을 때 불현듯 이런 생각이 들었다고 한다.

'더 이상 떨어질 곳이 없다. 사람의 인생은 떨어지는 일이 있으면 올라가기 마련이다. 그렇다면 지금 나는 가장 낮은 곳으로 떨어졌으니 이제 올라갈 일만 남았구나.'

나 역시 밑바닥을 경험하고 있었기 때문에 이제는 치고 올라갈 일만 남았다고 생각했다. 절망적인 상황 속에서 새로운 도전에 직면하게 되면 누구나 두려움이 앞선다. 내가 잘할 수 있을까 하면서 말이다. 앞으로 경험하게 될 사회생활에서 어려운 상황이나 도전을 맞닥뜨리겠지만 그때마다 기억할 것이다. 그리고 이겨낼 것이다. "누구나 할 수 있지만 아무나 할 수 없는 공수훈련을 무사히 마친 나는 어떠한 어려움도 극복할 수 있다!"

"Nothing is impossible."

특전사에서의 군 생활은 어떤 불가능도 극복할 수 있다는 도전 정신을 내 DNA에 확실히 심어주었다.

4
군 생활은
또 다른 사회생활이다

"우리가 더 이상 상황을 바꿀 수 없을 때
우리는 우리 자신을 바꾸도록 도전받는다."
– 빅터 프랭클

인천문학경기장에서 축구 경기를 관람한 일, 국군의 날 행사로 음악회에 가서 걸 그룹을 직접 만난 일, 주말을 이용해 연극 공연을 보러 나간 일 등 나는 대학 시절 누릴 수 없었던 문화생활을 군 생활을 하며 원 없이 누렸다. 그것도 공짜로 말이다. 누군가에게는 너무 평범한 문화생활이지만 나에게는 사치스러운 일이었다. 비싼 문화생활을 하려면 돈이 필요한데 그 정도의 돈조차 없었기 때문이다. 그래서 입대 전에는 주말에 조조로 영화 한 편 보는 것이 세상으로부터의 유일한 탈출구였다.

외부행사에 참여하면 생활관에서 선임들에게 겪는 잔심부름에서 벗어날 수도 있다. 물론 상병 이상이 되면 생활관이 더 편하다. 하지만 이등병, 일병 시절에는 외부 행사에 참여하면 군생활의 또 다른 재미를 느끼면서 잠시나마 생활관 '막내' 스트레스에서 벗어날 수 있다. 군대를 벗어난다는 해방감 말고도 고급스러운 문화를 접할 수 있다는 만족감은 군대생활을 100% 이용하는 방법 중의 으뜸이라고 생각한다. 누군가는 주말에 부대 차량을 이용해서 외부 문화행사에 참여하는 것이 귀찮지 않느냐고 할 것이다. 왜냐하면 생활관에 있으면 TV로 걸그룹을 볼 수도 있고, 밀린(?) 잠을 자면서 PX도 자유롭게 이용할 수 있으니까 말이다.

그렇지만 나는 생각이 달랐다. 축구장이 그렇게 넓은지 처음 알았고, 가수 성시경의 목소리가 그처럼 달콤한지 처음 알았다. 그것도 경험이다. 사회라면 돈 주고 경험해야 하는데 나는 국방의 의무를 하고 있다는 이유만으로 국가에서 공짜로 누리게 해주는 것이다. 무미건조한 군 생활 중간에 연극을 관람하고, 콘서트 기분을 내는 것만으로도 삶의 활력을 불어넣어 주었다. 병장 때는 문화공연 말고도 국방부 주관 마라톤대회에도 참석하였다. 그날은 운 좋게 영화배우 공유도 만날 수 있었다.

상병이 되면 군 생활이 익숙해지고 업무적으로 실수를 하지 않게 된다. 이때부터 군 생활이 무료하게 느껴지면서 시간가는 것이 아깝다는 생각을 하게 된다. '내가 여기에 왜 와 있지?' 이런 생각을 하면서 말이다. 나도 그랬었다. 그래서 황금 같은 주말을 어떻게 보내느냐에 따라 나중에 사회에 나갔을 때 그 사람의 경쟁력을 좌우한다고 생각한다. 언젠가 지휘관 정신교육시간에 '군대는 전쟁을 준비하러 오는 곳이고, 사회는 전쟁을 하는 곳'이라는 이야기를 듣고 졸음이 싹 가셨던 기억이 난다. 생활관에서 뒹굴며 시간을 보내지 말고 계획을 세워서 하루를 채워나가는 군생활을 해야 하는 이유이다.

군 생활을 이야기를 하면서 '먹는 재미'를 빼놓을 수 없다. 군인들이 PX에서 가장 많이 사먹는 음식이 무엇인지 아는가? 바로 '냉동식품'이다. 사회였으면 건강을 생각해서 먹지 않았겠지만 군대라는 특수성 때문인지 전자레인지로 간편하게 데워 먹을 수 있는 냉동식품은 외롭고 힘든 군생활의 유일한 낙이자 군것질거리이다. 어느 군대나 PX병이 있는데 이들과 친해지면 PX를 자유롭게 이용할 수 있으니, 웬만하면 PX병과는 가깝게 지내도록 하자. 또한 먹는 재미를 이야기할 때 조리병(예전엔 취사병이라고 불렀음)을 빼놓을 수 없다. 요즘 요리하는 남자들이 대세라고 한다. 조리병과 친했던 나는 주말마다 조리병들이 해주는 별미를 먹을 기회가 많았다. 군대 짬밥에 물릴 때마다 특급 요리사들이 만든 음식을 맛보면서 호사를 누렸다.

군대는 대학생, 프로게이머, 유흥업소 삐끼, 헬스 트레이너, 외국 유학생, 모델 등 다양한 이력의 친구들이 모인 곳이다. 그래서 내가 경험해 보지 못한 세상을 간접적으로 들을 기회가 많았다. 물론 20대 초반의 남자들이 늘 그렇듯이 아직은 미래에 대한 계획이 없는 경우가 대부분이지만 그중에는 확고한 목표 의식과 구체적인 계획까지 수립해서 하루하루를 준비하는 친구들도 있다. 당신은 어떤 하루를 보내고 싶은가? 선택은 여러분의 몫이다. 하지만 꼭 기억했으면 좋겠다. 하루를 어떻게 보내느냐에 따라 앞으로의 인생이 달라지게 된다는 것을 말이다.

얼마 전에 대형서점을 갔다가 『필승! 최고의 대학, 명받았습니다』란 책이 눈에 띄었다. 저자는 공군 예비역 병장인데 이제 25살밖에 되지 않았음에도 불구하고 전역 후 교육 회사를 창업하여 이제는 '이동헌 이사'라는 직함으로 강연가의 삶을 살고 있다. 그는 일병 때 사이버지식정보방에서 온라인을 통해 게시했던 교육칼럼이 중·고등학생으로부터 인기를 끌면서 교육 칼럼니스트로 활동하기 시작했다. 지금은 자신의 첫 저서를 출판하며 전국 군부대 장병들에게 '꿈'과 '도전'에 대해 강연을 하며 매일 즐겁게 생활하고 있다. 그는 2년이라는 군 생활이 삭제되는 시간이 아니라 꿈을 실현하는 시간이었다고 말한다. 그의 도전에 힘찬 박수를 보낸다.

5
누구도 알려주지 않는
군대 내 자기계발 노하우

"만약 한 사람이 교육을 소홀히 한다면
그는 생이 다할 때까지 한 발을 절며 걷는 것이다."
– 플라톤

시간이 꽤 많이 흘렀지만 내가 실천했던 군대 내 자기계발 노하우를 몇 가지 소개한다. 무의미하게 흘려보내는 시간이 있을 때 이 방법을 생활화하다 보면 분명히 변화된 모습을 경험하게 될 것이다.

(1) 사이버지식정보방을 선점하라

1980~90년대만 해도 군대는 훈련을 받고 전쟁을 준비하는 곳이었지만, 지금은 훈련도 하고 공부도 할 수 있는 곳으로 탈바꿈하였다. 특히 국방부는 군대에서 자기계발을 할 수 있도록 사이버지식정보방을 만들었다.

군대에서 대학교 학점 이수를 할 수도 있다. 내가 군 생활을 할 당시 도입이 되었으니 지금은 활성화가 되었으리라 생각한다. 게임과 도박 목적이 아닌 원격강좌를 듣기 위해서 사이버지식정보방을 적극적으로 이용하자. 요즘에는 이병 때부터 자유롭게 이용할 수 있다고 하니 미리 필요한 정보들을 검색해서 관심 분야에 대한 전문 지식을 쌓는 것도 방법이다.

나는 사이버지식정보방을 주로 한경/매경, 코리아타임즈를 읽거나 다양한 분야의 도서를 요약하여 서비스하는 북코스모스(www.bookkosmos.com)를 이용하는 용도로 이용했다. 리더십, 커뮤니케이션, 조직생활, 자기계발, 재테크 등 300여 권의 책을 요약된 형태로 읽고 전역을 하였는데 취업 준비를 하면서 방향을 설정하는 데 많은 도움을 받았다.

군대 내에서는 모두에게 동일한 시간이 주어진다. 그런데 어떤 친구들은 사이버지식정보방에서 게임을 하거나 도박을 하면서 시간을 보내고, 어떤 친구들은 미래를 구상하고 필요한 내용을 노트에 정리하면서 시간을 보낸다. 지금 당장은 사소한 차이에 불과하지만 짧게는 취업의 문을, 길게는 인생의 방향을 바꿔놓는 다는 점을 명심했으면 좋겠다.

(2) 진중문고 100% 활용법

모든 부대에는 진중문고가 있다. 그래서 마음만 먹으면 읽고 싶은 책을 쉽게 구할 수 있다. 나는 자대에 전입 와서 가장 먼저 진중문고가 어디에 있는지 확인하였다. 독서의 힘은 자신이 경험해 보지 못한 내용을 간접적으로, 그리고 빨리 습득할 수 있다는 점에 있다

군대에서 만날 수 있는 사람이 군인밖에 없다고 불평만 하지 말자. 군 생활을 하는 동안 우리들은 다양한 책의 저자들과 만나 이야기할 수 있다. 그들은 교수, 정치인, 과학자, 동기부여가, 국제기구에서 일하는 사람, 취업에 성공한 직장인 등 다양한 경험을 한 권의 책으로 풀어낸다. 책 한 권으로 시대를 움직이는 사람이 될 수 있다. 독서의 진가를 아는 사람은 모두 공감할 것이다.

한 권의 책이 나오려면 수많은 책을 읽고 사색하고 정리하는 과정이 필요하다. 그래서 전문가라는 평가를 받는 것이다. 군대에서 만날 수 있는 사람이 군인밖에 없다면, 우리는 책을 통해서라도 다양한 사람들과 소통하고 그들의 경험을 우리 몸에 체화시켜야 한다. 나는 일병 때부터 진중문고를 자유롭게 이용하기 시작했는데 전역할 때까지 100권 이상은 읽고 나온 것 같다. "책은 나의 스승이다."라는 말을 꼭 기억했으면 좋겠다.

(3) 연등시간을 적극적으로 활용하자

하루 일과로 힘들었겠지만 저녁 점호를 끝내고 밤 10시부터 12시까지 주어지는 연등시간을 활용하는 습관을 들였으면 한다. 처음에는 잠을 줄여야 하기 때문에 힘들 수 있지만, 하루 2시간씩 자기계발을 하다 보면 성취감도 생긴다. 남들이 흘려보내는 2시간을 이용해서 자격증 하나라도 취득하는 날에는 세상을 얻은 기분이 든다. 여러분들도 경험해 보라.

연등시간에는 친한 동기들과 간단히 스터디를 해도 좋고, 자격증시험 준비를 해도 좋다. 나는 주로 취업 준비를 했다. 하루는 토익 동영상 강의를 들으면서 감각을 잃지 않으려고 노력했고, 다른 하루는 전공과목을 정리하며 공기업 시험 준비를 하였다. 비록 이후에 목표했던 금융감독원이나 한국예탁결제원에 취업하지는 못했지만, 당시에 정리했던 내용들은 입사 후 업무하는 데 많은 도움이 되었다.

재미있는 일은 처음에는 나만 연등을 신청했지만, 어느 순간 너도나도 공부를 하는 분위기가 조성되어 대학교 도서관을 방불케 하였다. 열정도 전염된다는 것을 처음 알게 되었다. 혹시 이 글을 읽고 있는 여러분 중에 마음의 긴장이 풀어질 때면 꼭 기억하자. "오늘 걷게 되면 내일은 뛰어야 한다."라는 것을 말이다.

(4) 주말에는 체력 단련을 하자

특전사의 아침은 알통구보와 함께 힘차게 시작한다. 여기서 알통구보는 전 장병들이 계절에 상관없이 웃통을 벗고 구보를 하는 것을 의미한다. 한겨울에도 알통구보를 하고 나서 냉수샤워를 하는 그 느낌은 해보지 않은 사람들은 절대 모른다.

나는 군 생활 내내 평행봉, 철봉, 줄타기, 오래달리기 등을 통해 체력단련을 하였다. 그래서 사회에서 헬스 트레이너를 하다 온 후임조차 나보고 웬만한 헬스 트레이너보다 몸이 좋다고 하였다. 이렇게 체력관리를 하게 된 이유는 내 나름의 철학이 있었기 때문이다. 체력이 좋으면 자신감이 생기고, 자신감이 생기면 무슨 일이든 할 수 있는 열정이 솟아나기 때문이다.

그래서 주말 아침이 되면 혼자서 연병장을 두세 바퀴 돌고, 평행봉과 철봉을 하면서 땀을 냈다. 물론 헬스장에서 마무리 운동을 하는 것을 빼먹지 않았다. 주말에 부대를 방문한 면회객들이 보고 있었지만 신경 쓰지 않고 묵묵히 연병장을 뛰었다. 이렇게 꾸준히 운동을 한 결과 그해 본부대 전투력 측정에서 20대 초반의 친구들을 제치고 당당히 2등을 거머쥐었다.

어느 날 특전사 부사관이 운동을 하다가 나에게 같이 운동을 하자고 제안한 적이 있었다. 특전사 부사관은 대한민국에서도 체력

하나만큼은 누구에게 뒤지지 않은 이들인데 그날 나는 그와 한 치의 양보도 없이 평행봉 대결을 하였다. 이후에도 몇 번 같이 운동을 하며 친해졌는데 제대 후 여의도에 근무하다가 우연히 만난 적이 있다. 그 부사관은 잠깐 동안 농협에서 청원경찰로 근무를 하고 있었다. 우리는 잠시 동안 군 생활을 이야기를 하다 헤어졌는데 체력 단련으로 맺어진 인연이어서 더욱 각별하게 느껴졌다.

(5) 군대에서는 자격증을 못 따면 바보다

2년이라는 군 생활 동안 우리들은 아무것도 할 수 없지만 또한 많은 것을 할 수 있다. 대다수 장병들은 자유시간이 주어지는 휴일에 TV 시청을 하거나 낮잠을 자면서 시간을 보낸다. 이런 친구들이 나중에 전역을 하면 후배들에게 군대는 놀다가 나오는 곳이라고, 인생을 허비하는 곳이라고 불평을 쏟아놓는다.

하지만 군 생활을 훌륭히 보내는 장병들의 이야기가 전혀 없는 것은 아니다. 항상 각종 국가고시 합격자 발표일이 되면 군 생활을 하면서 사법시험이나 행정고시에 합격했다는 이야기를 심심치 않게 언론보도를 통해서 듣게 된다. 얼마나 열심히 했으면 군대에서 그 어렵다는 시험을 합격할까? 의지가 정말 대단하다고 생각한다. 군대는 누가 공부하라고 독려하는 사람이 없기 때문에 오직 자기의 의지만으로 공부를 해야 하는데 그게 말처럼 쉽지 않다.

나는 취업을 위해 최소한의 스펙을 갖추어야 했다. 그래서 한자 자격증, 토익 점수, 컴퓨터 관련 자격증 준비를 하였다. 사실 군대에 있을 때 외부 자격증 시험을 보면 혜택이 많다. 특히 현역 장병들에게는 토익 응시료를 50% 할인을 해 주는 등 다양한 지원을 해 주기 때문에 잘만 활용하면 돈도 절약하면서 자격증도 딸 수 있는 기회가 많이 있다. 내가 토익 시험을 준비한 방법을 잠깐 소개한다.

토익 점수는 취업 시 필수 스펙이다. 토익 점수가 일정 기준에 미치지 못하면 서류전형에서 탈락하기 때문에 구직자들은 울며 겨자 먹기로 일정 점수를 취득해야 한다. 문과생이라면 900점 이상이 되어야 하고, 공대생이라면 800점 이상이면 충분하다.

나는 금융감독원을 목표로 준비하였기 때문에 900점을 받아야 한다는 부담이 있었다. 물론 법학을 전공하였고 법무 직렬로 취업을 준비하였기 때문에 800점 이상만 받아도 자격 요건은 충족되었다. 하지만 취업은 상대적인 경쟁이기 때문에 점수가 높으면 어쨌든 유리한 게 사실이다. 그런데 말이 800점이지 영어공부를 손에서 놓은 지 오래되었기 때문에 800점이 말처럼 쉬운 점수는 아니었다.

그러던 중 해커스 무료 동영상 강의를 알게 되었다. 연등시간을 이용해서 해커스 LC, RC 무료 동영상 강의를 들었는데, 강의를 듣기 전에 모의고사 문제, 기출문제 등을 출력해서 풀어보고 틀린 부분은 강의를 통해 보완했다. 그 결과 전역 후에 치른 토익 시험에서 835점을 받게 되었다. 요즘 토익 900점 넘는 대학생이 넘쳐나지만 법학을 전공한 나는 800점대만 되어도 대부분의 대기업 지원 자격 요건을 충족했다. 덕분에 취업 준비를 하면서 토익에 시간을 들일 필요가 없었다.

꼭 기억했으면 좋겠다. 군대에서 버려지는 자투리 시간을 활용하면 나중에 취업을 위해 준비해야 하는 시간을 절약할 수 있다는 사실을 말이다. 그리고 비싼 돈 들여가며 공부하지 말고 국방부가 장병들을 위해서 제공하는 다양한 제휴처의 할인 혜택을 이용해서 취업 준비를 하는 현명한 군 생활을 하였으면 좋겠다.

(6) 피아노 연주 같은 취미생활도 가능하다

선임 중 한 명은 여자 친구에게 피아노 연주를 해주고 싶어 했다. 그래서 생각해 낸 방법이 부대 내 교회에 가서 매일 1~2시간씩 피아노 연습을 하는 것이었다. 그런데 놀랍게도 몇 달간 한 곡만 연주한 결과 수준급 연주 실력을 갖게 되었다. 별로 기대하지 않고 피아노 연주 실력을 감상하기 위해서 함께 교회를 갔다가 선임의 연주 실력에 깜짝 놀랐던 적이 있다. 물론 한 곡을 연주하는 것을 두고 피아노 실력이 좋아졌다고 말할 수는 없지만 어쨌든 듣는 사람으로 하여금 피아노 선율에 빠져들게 만들었다.

부대마다 차이가 있겠지만 내가 군 생활한 부대에는 테니스장, 탁구장, 헬스장 등이 있어서 마음만 먹으면 다양한 취미활동을 즐길 수 있었다. 흘러가는 군 생활을 무료하다고 아쉬워만 하지 말고 주어진 환경을 최대한 활용해서 재미있는 시간으로 만들어 갔으면 좋겠다.

6
세상에는 나를
좋아하는 사람만 있는 것이 아니다

"누구도 나의 허락 없이 나를 상처 줄 수 없다."

– 마하트마 간디

모든 사람들이 나를 좋아해야 할까? 단체생활이 낯설었던 나는 군 생활 동안 하나의 고민이 있었다. 그것은 바로 마주하기 싫은 사람들과 매일 얼굴을 봐야 한다는 사실이다. 사회에서는 보기 싫으면 안 만나면 되고, 말도 섞지 않으면 그만이었다. 그렇지만 군대 안에서는 피할 수도 없었다.

세상에는 다양한 얼굴과 성격만큼이나 자기가 좋아하는 사람 유형도 제각기 다르다. 그래서 옛말에 유유상종이라고 했던 것 같다. 서로 닮은 부류가 모여서 친구가 되는 것 말이다. 나에게 노골적으로 적대감을 드러내는 사람이 있었다. 그럴 때마다 '나는 잘못한 게 없는데 왜 나를 싫어할까?'라는 생각이 들었다. 그러다 정도가 너무 심해서 하루는 평소 친하게 지내던 장교분에게 고민을 털어놓았다. 그때 그분이 나에게 해준 이야기는 이랬다.

"세상에 나를 좋아하는 사람이 많기 때문에, 그 한 사람이 나를 싫어해도 나는 전혀 신경이 쓰이지 않아."

그렇다. 세상에 나를 좋아하는 사람만 있을 수 없다. 그런데 그 사람들 때문에 나의 삶이 힘들어지거나, 신경이 쓰여 생활이 불편하게 되는 것은 나를 좋아하는 사람들에게 미안한 일이다. 나를 믿어주는 사람들에게 부끄러운 일이다. 이렇게 생각을 바꾸고 나니 그 이후부터는 사람과의 관계에서 오는 불편함이 상당 부분 해소가 되었다.

사람마다 좋아하는 성향이 다를 수 있다. 그것은 그 사람과 내가 다르기 때문에 발생하는 어쩔 수 없는 일이다. 철없이 공부만 하던 나는 이렇게 사회생활의 축소판인 군 생활을 통해 인생공부를 하였다. 그리고 이 모든 것이 나를 성장시키는 과정이라는 것을 알게 되었다.

7
조언 한마디로
해외파병을 이루어내다

"재능은 하나님이 준 것이다. 겸허하라.
명성은 사람이 준 것이다. 감사하라.
자만은 스스로 준 것이다. 조심하라."
– 존 우든

같은 생활관에서 지내고 있는 동기가 자이툰 2진 해외파병을 준비해 보겠다며 내게 도움을 요청했다. 자랑은 아니지만 동기들보다 7~8살이 많았던 나는 연애나 학업 고민, 그리고 인생 상담 등을 자주 해주었다. 누군가의 이야기를 듣다 보면 어떻게 행동해야 할지 답을 얻는 경우가 있는데 그들이 보기에는 내가 그 해결사로 보였던 것 같다. 이런 경험은 나중에 자기소개서를 작성할 때 '인생상담사'라는 한 줄로 나의 강점이 되어 주었다.

회사생활을 하다 보면 의사소통이 중요하다는 것을 절실히 깨닫게 된다. 그래서 면접관들은 그 사람이 다른 사람들과 원활하게 업무를 수행할 수 있는지를 꼭 확인한다. 자기 말만 앞세우는 것이 아니라 다른 사람의 이야기를 들어주는 것이 소통의 기본이다. 물론 이것 때문에 여러 회사에 합격했다고 단정 지을 수는 없다. 하지만 요즘 회사는 커뮤니케이션 능력을 중요하게 여기기 때문에 가점이 되었으면 되었지 감점 요소는 아니었다고 생각한다.

다행히 내가 조언해준 대로 작성해서 지원한 결과 그 친구는 자이툰 2진 파병 명단에 들어갈 수 있었다. 비록 1년 이상 군 생활을 함께하지는 못했지만 해외 파병을 통해서 쌓는 경험과 귀국했을 때 통장에 두둑하게 쌓여 있을 월급을 생각하며 즐거워하는 동기의 모습에 나도 덩달아 기분이 좋아졌다.

대학 등록금과 몇 달간의 생활비가 생긴 그 친구는 해외파병을 마치고 자대 복귀하자마자 내게 감사하다며 선물을 해주었다. 대가를 받으려고 도와주었던 것이 아니어서 처음에는 거절하였는데 기분 좋게 책 선물을 받는 것으로 마무리 지었던 기억이 난다. 그때의 '컨설팅' 경험을 통해서 나의 또 다른 재능을 확인할 수 있었다.

8
군대 내 가혹행위,
그 대물림을 끊어라

"스스로 그 자리에 서 보지 않고서는 결코 알 수 없어."
– 영화 〈몬스터〉 에일린의 대사 中

2007년에 군 입대를 할 당시만 해도 군대 내 구타 문화는 많이 사라져가고 있었다. 그렇지만 아직도 일부 보이지 않는 곳에서 구타가 공공연하게 행해졌다. 나는 다행히도 구타나 폭행을 당하지 않았지만, 주변의 구타 장면은 종종 목격하였다. 그런데 안타까운 점이 무엇인 줄 아는가? 바로 그 가혹행위의 피해자들이 선임이 되어 후임들에게 가혹행위를 대물림한다는 사실이다.

군 생활 동안 선임들에게 시달리면서도 꿋꿋이 생활했던 후임이 있었다. 그 모습이 너무 힘들어 보여서 나름 신경도 써주고 좋은 이야기를 해 주었다. 그런데 얼마 전 예비군 훈련을 갔다가 우연히 그 후임을 만났다. 그는 내가 전역을 한 후 자기에게 있었던 일들을 이야기 해주었는데 하마터면 기절하는 줄 알았다.

착하고 순하던 그 친구가 후임들을 괴롭히다가 영창에 갔다 왔다는 것이다. 그 순간 두 귀를 의심했다. 선임들의 잦은 욕설과 구타에도 묵묵히 참았던 그 친구가 그렇게 됐을 줄이야……. 비록 맡은 보직이 다르고 부서가 달라서 말리지는 못했지만 당시 적극적으로 나서지 못했던 나를 자책하며 한동안 마음이 편치 않았다.

돈이 없고 빽이 없는 남자들만 군대를 간다는 자조 섞인 이야기가 있다. 군에 입대한 우리들은 모두가 같은 처지의 대한민국 남자들이다. 2년이라는 군 생활을 마치고 나면 언제 그랬냐는 듯이 사회에 나가서는 형, 동생, 친구가 되어 다시 웃고 다닐 우리들이다. 그런데 군대 내에서 계급이라는 무기로 후임들을 괴롭히고, 이를 견디다 못해 자살까지 하게 되는 것은 안타까운 현실이다. 건강한 몸으로 국가의 부름을 받고, 군 생활을 하다가 건강한 몸으로 다시 가족의 품으로 돌아가야 하는 것이 우리들의 책무이자 의무이다.

나는 군 생활 내내 마음속에 다짐을 했다. '지금은 군 생활 때문에 가족의 품을 떠나 있지만, 다시 가족의 품으로 돌아갈 그날까지 건강하게 내 몸을 지켜야 한다.'고 말이다.

반론이 있을 수 있겠지만 군대 내에서 이루어지는 구타나 폭언은 후임을 존중하지 못하는 선임의 책임도 있지만, 자신을 지키지 못하고 무기력하게 당하는 후임의 책임도 있다. 결국 손바닥이 마주쳐야 소리가 나는 것처럼 어느 누구의 잘못도 아닌 우리 모두의 잘못인 것이다. 군대 내에서 서로 다름을 인정하고 상대방을 존중할 때 우리의 병영문화는 건강한 모습으로 자리 잡게 될 것이다.

　그래서 아직 우리의 군대문화는 더욱 건강해져야 하기에 아직 갈 길이 멀다.

9
등록금 마련을 하고 싶다면
유급지원병에 도전하라

"가치 있는 목표를 향한 움직임을 개시하는 순간
당신의 성공은 시작된다."
- 찰스 칼슨

내 동기 중의 한 명은 우리와 같은 날 전역하지 않고 유급지원병을 지원하여 하사 계급을 달고 군 생활을 연장하였다. 유급지원병은 현역병으로 복무한 후 1년 6개월의 범위에서 전문 분야에 연장복무를 하는 것을 말한다. 유급지원병이 도입된 이유는 군 복무기간이 단축되면서 전문성 있는 군대 내 인력이 부족하여 우수한 숙련병을 확보하기 위한 목적에서였다. 자기가 복무했던 부대에서 하사 계급장을 달고 군 생활을 하기 때문에 새로운 환경에 적응해야 하는 어려움도 크지 않다. 2011년 8월, 유급지원병은 전문하사로 명칭이 변경되었다.

요즘 대학등록금이나 창업비용을 마련하기 위해서 아르바이트를 하는 청년들이 늘고 있다고 한다. 군 생활이 적성에 맞는다면 유급지원병에 지원해보는 것도 나쁘지 않을 것이다. 장교나 부사관으로 근무를 하면 월급을 모아서 나올 수 있는 장점이 있다. 실제로 주변에는 3년간의 군 생활을 통해 3,000만 원까지 모아서 사회에 나오는 사람도 보았다. 물론 안 먹고 안 써야 가능한 일이다.

특히 내 경험상 대학 재학 중에 편의점, 과외 아르바이트를 하면서 학업을 하는 것이 만만치 않다. 공부가 주가 되고, 아르바이트가 부가 되어야 하는데 보통 아르바이트로 체력을 소진하고 나면 공부에 집중하기 어려웠기 때문이다.

유급지원병의 장점은 군 간부로 남은 군 생활을 할 수 있다는 점과 전문 분야가 취업하고자 하는 분야와 같다면 사회에서 경력으로도 인정받을 수 있다는 데 있다. 예를 들어, 배관수리기술이나 자동차정비기술 등이 대표적이다. 요즘 공부를 어중간하게 하는 것보다 기술 하나 갖고 있는 사람이 최고라고 한다.

4년제 대학을 졸업하고도 2년제 전문대학에 진학해 기술을 배우려는 사람들이 늘고 있는 것도 그 때문이다. 남들 눈을 의식하지 말고 자신이 세운 확고한 목표가 있다면 무소의 뿔처럼 밀고 나가는 모험도 해 보았으면 좋겠다.

10
단결! 전역을 명받았습니다

"어떤 일을 달성하기로 결심했으면
어떤 지겨움과 혐오감도 불사하고 완수하라.
고단한 일을 해낸 데서 오는 자신감은 실로 엄청나다."
– 아놀드 베넷

2007년 6월 논산훈련소에 입소할 때만 해도 2009년 5월을 생각하면 절망스러웠다. 그런데 "국방부 시계는 거꾸로 매달아도 돌아간다."라는 말처럼 올 것 같지 않았던 전역 날이 왔다. 기상 후 연병장에서는 전역하는 사람들의 건승을 기원하는 조국기도문이 낭독되었다.

'드디어 전역이다!'

이병으로 전입 온 날, 한 선임은 두 손을 깍지를 낀 상태로 앞을 보라고 내게 말한 적이 있다. 나는 "어두워서 아무것도 보이지 않습니다."라고 대답했는데, 선임은 "그게 네 군 생활이야."라고 했던 기억이 난다. 지금 생각해 보면 농담 반 진담 반으로 했던 이야기인데 그때만 해도 '2년 후 전역하는 날이 오기는 올까?', '다시 자유의 시간을 만끽할 수 있을까?' 등 여러 가지 생각을 했었다.

그동안 정들었던 후임들의 인사를 뒤로하고 부대 앞 정문을 통과하면서 나는 2년 전 자존감 낮았던 모습을 완전히 벗어 버렸다. 대신 20대의 실패와 좌절을 패자부활전을 통해 극복해 내고 말겠다는 강한 의지가 솟구쳐 올랐다. 나는 이것을 '진짜사나이 프로젝트'의 가장 큰 성과라고 생각한다. 특전사에서의 군 생활을 통해 나는 몇 가지 인생의 원칙을 세웠다.

1원칙: 아직도 내게 남아 있는 것이 있다면 그것은 열정이다.
2원칙: 이제껏 내게 없던 것이 생겼다면 그것은 도전 의지이다.
3원칙: 사회생활이 힘들 때면 기억하리라. 공수훈련을 이겨낸 극기력을.
4원칙: 지금 내가 갖고 있는 가장 큰 무기는 지칠 줄 모르는 체력이다.
5원칙: 누구에게도 지지 않을 자신이 있다면 그것은 인내력이다.
6원칙: 2인자는 싫다. 그 분야 최고의 전문가로 기억되리라.
7원칙: 실력이 부족하면 다른 사람들을 위해 희생이라도 하리라.

'그래. 이제 다시 시작해 보자. 20대 청춘은 지나갔지만 내게는

찬란한 30대가 남아 있다. 아직 나의 청춘은 끝나지 않았다!'

　대한민국 장병이라면 누구나 전역 날 같은 생각을 한다. 사회에 나가면 무슨 일이든 해 보겠다고 말이다. 20대 후반을 군대 안에서 보낸 나는 벌써 30살이 되어 있었다. 숫자로 느껴지는 앞의 3이라는 부담감이 어깨를 무겁게 하였다. 하지만 확실히 예전과 달라졌다. 누구보다도 강한 도전 의지와 열정이 나의 삶을 지탱해 주리라 믿었기 때문이다. 특히 전역 당일에 행정보급관님이 해주셨던 말을 나는 아직도 가슴에 새기고 있다.

　"너는 이제 특전사를 대표하는 인물이 되는 거야. 어떤 도전을 하든 그리고 무슨 자리에 올라가든 특전사 출신이라는 꼬리표가 너를 따라다닐 거니까 항상 자부심을 가져라."

　그렇다. 대한민국은 국방의 의무를 성실히 이행한 사람을 특별하게 생각한다. 돈이 있거나 권력이 있는 자제들이 군대를 기피하는 사회의 문화 때문에 선거철만 되면 본인뿐만 아니라 아들까지도 군대를 갔다 왔는지가 중요한 정치 이슈가 되는 것을 보라. 누군가는 2년간의 군 생활에 20대 청춘을 빼앗겼다고 말한다. 하지만 군대에서의 경험은 사회에도 그대로 통하기 때문에 결코 낭비하는 시간이 아니다.

최근 국방부, 청년위원회, 한국경제신문이 주관하는 '찾아가는 병영멘토링'이 열렸다. 이 행사에 참석한 혼성 듀오 알맹의 멤버 이해용 씨는 군 생활을 통해 가수 데뷔의 꿈을 이루었다고 자신을 소개했다. 그는 고교 시절부터 노래에 뜻을 두고 있었지만 가수 오디션에 참가할 정도로 열정적이지는 않았다고 한다. 그렇지만 입대 후에 체득한 인내심과 정신력으로 결국 TV 오디션 〈K팝스타 시즌 3〉에서 'Top 6'에 오르며 인기 가수로 발돋움했다.

20대 후반 그토록 패배의식에 사로잡혀 있던 나를 변화시켜 준 군 생활에 한없이 감사하다. 다시는 꿈을 갖지 못할 것만 같았던 아픔뿐인 청춘의 시간들. 그 시간들을 간직한 채 군대에 입대했었다. 그런 내가 특전사 생활을 통해 치유받고 사회로 나올 수 있었던 것은 축복이었다. 특히 군 생활을 하면서 생긴 자존감과 열정으로 다시 찾아온 꿈을 이룰 수 있었다. 여의도에 입성하여 전문성 있는 직장인으로 생활하게 된 것은 평범함을 넘어 특별함이 되었다. 이렇게 특별한 군 생활이었기 때문에 요즘에도 몸과 마음이 지칠 때면 특전사 관련 키워드로 인터넷 검색을 해보고 그때 그 시절을 추억하며 힘을 얻곤 한다.

"굿바이 특전사! 땡큐 대한민국!"

CHAPTER 3

한국의 월가,
여의도에 입성하다

1
늦깎이 취업준비생의
고군분투기

"인생은 속도가 아니라 방향이다."
− 괴테

아직 군대 물(?)이 다 빠지지도 않은 채로 취업 준비를 하려다 보니 무엇을 먼저 해야 할지 막막하기만 했다. 그러던 중 노동부가 재향군인회에 위탁하여 시행하는 「09년 단기 복무 장병 취업 캠프」 과정을 알게 되었다. 파릇파릇한 20대였다면 학교에서 주최하는 취업캠프에 참여했겠지만 취업 준비가 전혀 되어 있지 않은 내가 몇 년 동안 취업에만 올인한 친구들과 마주하다 보면 자신감만 사라질 것 같았다. 그래서 기본적인 과정부터 내 수준에 맞추어 진행하기로 했다.

교육과정은 아래와 같았다. 그중에서 가상으로 진행된 면접 실습이 많은 도움을 주었다. 면접에 대한 막연한 두려움을 떨쳐내

버릴 수 있었다.

- 기업채용 트렌드 이해와 취업 전략
- 자기 분석을 통한 직업과 직무 선택
- 성공하는 사람들의 자기관리
- 이력서/자기소개서 작성방법
- 기업별 면접 요령
- 성공 면접을 위한 이미지메이킹
- 직장인 전화 예절 등

수업 시간에 들었던 이야기다. 취업을 위해서는 7가지를 갖추어야 한다고 했다.

끼: 연예인, 기질, 자질, 재능
깡: 창업, 배짱
꿈: 비전
꾀: 재치
끈: 후원자, 동반자, 인맥
꼴: 인상, 맵시, 신언서판(身言書判)
꽉: 기회를 꽉 잡아라

사실 위의 7가지 자질을 모두 갖춘 구직자가 얼마나 될까? 적어도 '끼'는 연예인이나 스포츠 선수, 아나운서처럼 누가 봐도 특별한 사람들이 갖고 있는 자질이다. 하지만 나머지 요소들은 적어도 노력만 하면 후천적으로도 갖출 수 있겠다고 생각했다.

교육 마지막 날은 교육생 중 일부가 앞에 나와 강사와 1:1 가상 면접을 하였다. 흔치 않은 기회였기 때문에 전날부터 머릿속으로 어떻게 답변할지 계속 이미지트레이닝을 하였다. 교육을 진행한 강사는 나와 10여 분 동안 1:1 면접을 한 후 이렇게 피드백을 해주었다.

"많이 알고 있으면서도 드러내지 않고, 자신만만하게 자신을 표현하는 모습이 인상적이다."

그리고는 "기업에서 선호하는 인재상"이라는 말도 덧붙였다. 실제로 회사 면접관으로부터 칭찬을 받은 것처럼 기분이 좋았고, 내가 준비해 나가는 방향에 대해 확신이 들었다. 사실 군대를 제대한 직후 내가 갖고 있던 스펙은 아래가 전부였다. 취업에 도움이 될 만한 것이 거의 없었다. 대부분 구색 맞추기용으로 취득한 것이 많고 급수가 높지도 않았다.

  – 독서실 총무, 어학원 아르바이트(수업 보조 및 교재 편집 작업)
  – 워드프로세스 3급

- 특공무술 1단, 태권도 1단, 특수전교육단 공수기본교육 수료(689기)
- 제1회 경제이해력 검증시험(TESAT) 4급
- 한자 자격시험 2급
- 사법시험 1차 합격, 사법시험 2차 다수 응시

인턴생활이나 어학연수, 공모전 수상 경력이 전혀 없기 때문에 평범함에도 미치지 못했다. 그래서 면접 때 나를 어떻게 포장해야 할지 항상 고민이 많았다. 누군가는 위의 자격사항을 보면서 '설마 나이 30살에 저런 기본적인 자격증만 땄을까?' 혹은 '인턴이나 해외 어학연수는 한 번이라도 다녀왔겠지?'라며 궁금해 할 것이다.

하지만 사실이다. 그리고 더 놀라운 것은 그때까지 갖고 있던 자격사항 외에 그렇게 많은 자격증을 추가하지도 않았다. 그렇다. 적어도 나는 그렇게 생각한다. 자격증은 취업을 위한 최소한의 요건이지 그것만으로 특정 회사 입사가 보장되지 않는다고 말이다.

그런데도 불구하고 요즘 대학생들은 1학년 때부터 각종 자격증을 따려고 혈안이 되어 있다. 물론 전혀 필요하지 않다는 이야기가 아니다. 다른 경쟁자와 구별되기 위해서는 최소한의 것만 따두고 정말 필요한 공부와 준비를 하자는 이야기다. 인턴과 공모전, 어학연수도 마찬가지이다. 자신이 지원하는 회사와 직무가 이런 능력들을 전혀 필요치 않는 곳인데 무조건 남들이 딴다고 해서 그리고 해외 어학연수를 간다고 해서 따라 하는 것은 시간과 돈을 낭비할 뿐이다.

2
스펙은 NO, 경험은 OK

"사람들이 당신에 대해 말하는 것을 두려워하는 대신
그들이 감탄할 어떤 것을 이룩하도록 노력하는 데에
시간을 쓰는 것은 어떨까?"
– 데일 카네기

군대를 제대하고 2009년 하반기부터 나의 삶은 '취업 모드'로 변화되었다. 내가 취업할 때도 그랬지만 요즘은 스펙뿐만 아니라 챙겨야 할 것들이 많다.

예를 들어 취업을 위해서 휴학 횟수도 신경을 써야 하는 것이 그것이다. 기업 입장에서는 재학생 신분이면서 능력 있는 구직자를 선호한다. 굳이 졸업을 미루며 취업 재수, 삼수를 하는 이들에게 기회를 주려고 하지 않는다. 왜냐하면 한 살이라도 어린 나이에 정해진 순서를 밟으며 취업시장에 나온 이들에 비해 부족한 점이 있을 거라는 선입견 때문이다. 무엇이든 도전해 보고 실패를 해 볼 수 있는 특권은 청춘의 시간에만 부여된 것이다. 그런데 정해진 코스를 밟아가며 스펙을 쌓지 않으면 안 될 것 같은 사회 구조는 누가 보아도 건강하지 않다.

모든 사람들이 정해진 순서를 밟아가며 성공적으로 살아가는 것은 아니다. 아직 자신의 미래를 구체화하지 못한 경우도 있을 수 있고, 목표를 세워 도전하다가 실패해서 다른 꿈을 찾고 있는 경우도 있을 것이다. 또 사람에 따라서 젊었을 때 세계 일주를 하며 다양한 경험을 해 보겠다는 생각을 갖는 경우도 있을 것이다. 그런데 다양성을 인정하지 않고 조직에서의 적응을 우려하며 연령 제한을 두어 암묵적으로 사회 진입을 제한하는 것은 바뀌어야 할 기업의 현주소이다.

나는 졸업하기 전까지 학교 공부 이외에 정말 듣고 싶어 하는 강좌들을 찾아서 듣는 데 많은 시간을 할애했다.

(1) 서울대학교 공익인권법센터, 2009년 국제인권법 강좌 수료
우연한 기회에 인권, 양성평등, 난민, 장애인에 대한 각계 입장을 들을 수 있는 강좌가 개설된다는 것을 알게 되었다. 대학생이라면 반드시 관심을 갖고 있어야 할 무거운 주제들이었다. 매주 저녁마다 서울대학교에서 수업이 진행되었는데 두 달간의 국제인권법 강좌를 통해 소수자에 대한 관심을 갖게 되었다. 대학이 더 이상 지식의 상아탑 역할을 하지 못하게 된 지 오래다. 그래도 나는 믿는다. 적어도 대학생이라면 인권이나 난민, 장애인 문제 등에 대해서 관심을 갖고 사회가 변화하는 데 보탬이 되어야 한다는 것을 말이다.

특히 국제인권법 강좌를 통해 알게 된 정치적 난민들의 실상은 앞으로 우리나라가 직면하게 될 문제라는 생각이 들었다. 한 번은 주말을 이용해 난민지원NGO 피난처가 주최하는 '제28차 국제난민학교'에 참석한 적이 있었는데, 탈북민들의 생사를 넘는 피난 생활과 열악한 정착 생활에 대해 알게 되었다. 유능한 젊은 이들의 관심과 지원이 절실하다는 생각이 들었다. 요즘 대학생들이 국제기구에 취업하기 위해 해외로 눈을 돌리는 경우가 늘고 있다고 한다. 하지만 한 가지 기억해 두어야 할 것이 있다. 국제기구는 인류평화를 위해서 일한다는 소명의식을 갖춘 사람이 필요하다. 그래서 대학생 때 다양한 정치적 이슈나 인권문제에 대해 관심을 갖고 공부를 해야 하는 것이다. 단지 대우가 좋다는 이유로, 그리고 누군가에게 그럴 듯해 보여서 도전하는 것은 자신뿐만 아니라 국제사회에 도움이 되지 않는다.

(2) 국회사무처, 2009년 대학생 의회아카데미 수료

또 한 번은 국회에서 개최된 대학생 의회아카데미 과정에 참여한 적이 있다. 사법시험 준비를 하면서 대한민국의 법에 대해서 누구보다 잘 안다고 평소 생각해 왔는데, 정작 법률이 어떻게 제정되는지, 국회의 조직과 기능이 어떻게 구성되어 있는지, 국회의원은 어떤 생각을 하는지, 보좌관은 정치인과 어떤 관계에 있는지 등에 대해서는 문외한이었다. 그런데 의회아카데미를 통해서 평소 궁금했던 내용들을 대부분 확인할 수 있었다. 특히 헌법 교과서와 법전에 있던 내용을 국회의원과 보좌관으로부터 듣다 보니 현장감을 느낄 수 있었다. TV 화면을 통해서 비춰지던 정치권의 뒷이야기도 매우 흥미로웠다.

나와 같이 고시 준비를 하다 그만둔 친구들은 인권이나 국회 입법과정 등에 관심을 갖는 나를 보며 취업 준비하기에도 빠듯한데 왜 취업과 무관하게 시간을 허비하냐는 반응이었다. 하지만 나는 생각이 달랐다. 적어도 법을 전공하고 기업에서 법무를 담당하려는 사람이라면 입법과정이 어떻게 흘러가고 법이 보호하고자 하는 소수자 인권이 무엇인지 정도는 관심을 갖고 있어야 한다고 생각했다. 그리고 기업의 업무와 직접 연관이 없다 하더라도 대학생 시절이 아니면 귀한 경험을 할 수 없을 것만 같았다. 결과만 놓고 보았을 때 나는 여기저기서 불러주는 회사가 많았지만 내게 부정적인 이야기를 하였던 친구들은 한동안 취업을 하지 못해서 발을 동동 굴렀다.

나는 취업만을 유일한 목표로 삼아 대학생활을 채울 필요는 없다고 생각한다. 그래서 평소에 관심 있고 도전하고 싶은 분야가 있다면 대학생 때 많이 경험해 보라고 조언한다. 귀한 시간을 취업에만 매몰되어 보낸다면 4년이라는 시간이 얼마나 재미없겠는가? 20대 청춘은 몇 번 실패하고 다시 일어날 수 있는 충분한 시간이고, 도전과 실패가 반복된다고 해서 그 시간이 소모적인 것이 아니다. 분명히 그 시간을 통해서 배우는 바가 있기 마련이다.

요즘 P2P 금융시장에 대한 기대감이 높아지면서 대학생, 의사 등 누구 할 것 없이 창업 열풍이 불고 있다. 그리고 서울특별시 성동구 성수동은 사회적 기업을 창업해서 취약계층과 연계하여 일자리를 제공하는 젊은 사업가들로 넘쳐난다고 한다. 그들을 볼 때마다 무모하다는 생각보다는 내가 하지 못하는 일을 해 나가는 모습에서 감동과 열정을 느낀다. 물론 마음속으로 박수를 보내면서 말이다.

그렇다고 모든 20대 청춘들에게 취업 대신 창업을 권유하는 것은 절대 아니다. 나도 회사에 취업하여 직장생활을 하고 있다. 내가 이야기하고 싶은 것은 적어도 자기 인생의 주인공은 부모나 친구가 아닌 자기 자신이 되어야 한다는 것이다. 그러기 위해서는 남들이 보지 않는 것, 가지 않는 곳에 관심을 두어야 한다. 처음은 미약할 수 있겠지만 인생의 주인공으로 사는 사람들은 결국 승리자로 우뚝 설 것이기 때문이다. 도화지에서 여백의 미는 한 폭의 그림을 완성하는 데 필수적이다. 인생도 한 발짝 물러서서 보면 여백에 해당하는 부분이 있다. 당신의 마음도 여백을 가졌으면 좋겠다. 조급해할 필요도 없고 불안해할 필요도 없다.

나의 이야기로 다시 돌아가 보자. 마지막 학기를 다니면서 일반 기업에 취업할지 계속 고민을 하였다. 그러던 어느 날 인생의 갈림길에 서있던 내게 2가지 사건이 있었다. 물론 현실적인 이유로 마음을 접을 수밖에 없었지만 말이다.

 - 국회 국방위원회 ○○○ 의원실 보좌관의 러브콜
 - 고려대 법과대학 민법 교수님, 대학원 입학제의

대한민국 정치판에 실망한 사람이라면 정치인이 되어 사회를 바꿔보고 싶다는 생각을 한번쯤은 해 보았을 것이다. 나도 예외는 아니었는데 국민의 의사를 대표해서 법률을 제정하고 의정활동을 하는 모습만 놓고 본다면 정치인만큼 훌륭한 직업도 없다. 특히 2009년 참석했던 '대학생 의회 아카데미'에서 보좌관의 생활을 알게 되면서 국회의원을 모시고 정치 한가운데에 빠져 보고 싶은 생각도 여러 번 했었다.

그래서 학교 취업사이트에서 모 의원실 채용 공고를 발견했을 때 뛰는 가슴을 부여잡고 자기소개서와 이력서를 썼던 기억이 난다. 하지만 크게 기대는 하지 않아서 지원했다는 사실조차 잊고 있던 어느 날 나는 한 통의 전화를 받았다.

"안녕하세요. 저는 ㅇㅇㅇ 의원실 보좌관입니다."

내가 지원한 의원실의 보좌관이었다. 그는 내게 함께 일해보지 않겠냐고 제의를 하였다. 너무도 고마웠던 점은 전화통화로 20분 이상 대화하면서 보좌관의 생활과 회사생활을 비교해주며 나의 진로를 진심으로 함께 고민해 주었다. 그분의 요지는 이랬다.

일단 국회의원실에서 일하게 되면 국회 의정활동(특히 국정감사 자료 준비 등)에 직·간접적으로 기여를 하게 되니 자부심도 생기고, 국회 경력을 오래 쌓다 보면 자연스럽게 국회의원과도 친분이 생겨서 정치권에 자리 잡을 수 있다는 것이었다. 그렇지만 중도에 국회의원실을 나오면 갈·만한 회사가 없다는 것이 문제였다. 경력으로 인정받기도 어렵다고 했다. 그래서 사회초년생은 국회보다는 일반 기업에 입사해서 전문성을 쌓는 것이 장기적으로 볼 때 커리어에 도움이 된다는 이야기를 해주었다.

보좌관과 통화를 하면서 결국 내가 판단할 문제라는 생각이 들었다. 인생의 갈림길에서 어느 누구도 정답을 갖고 있지 않지만, 만약 선택을 해야 한다면 전적으로 내가 책임져야 하기 때문이다. 그런데 그 보좌관은 자신의 동생이었다면 다음과 같이 조언해 주고 싶다고 했다.

"내가 학생 입장이라면, 그리고 부모님 입장이라면 국회의원실 보다는 회사 취업을 택하겠어."

이유는 불안정한 보좌관 생활 때문이었다. 4년마다 국회의원 실을 옮겨 다니는 것도 쉽지 않고, 모시고 있던 의원님 대신 다른 의원실로 갈 수 있다는 보장도 없기 때문이었다. 결국 나의 흔들 리는 마음을 느꼈는지 그 보좌관은 나한테 맞는 길이 있을 것 같 다면서 대화를 마무리하였다.

그리고 나서 며칠 후에 또 하나의 중요한 사건이 있었다. 평소 에 대학교 교수가 되어 학생들을 가르쳐 보고 싶다는 생각을 많 이 했다. 공부하는 것을 워낙 좋아해서 내가 계속 공부를 했으면 하는 친구들도 있었다. 그러던 중에 한 교수님으로부터 한 통의 이메일을 받게 되었다. 그날은 학교 도서관에서 공부를 하다가 머리를 식힐 겸 이메일을 확인하고 있었다.

그런데 눈에 익은 이름이 발신인명에 있는 것이었다. 바로 채 권법 교수님이었다. 혹시 성적에 문제가 있나 걱정이 되어 바로 이메일을 열어 보았는데, 뜻밖에도 성적이 좋아서 식사를 하며 이야기를 하고 싶다는 내용이었다. 수업시간 중에도 성적이 좋은 학생들에게는 대학원 입학을 제의한다고 말씀하신 적이 있어서 이메일을 보낸 이유를 대충 짐작할 수 있었다.

그리고 며칠 후에 교수님과 함께 학교 주변의 식당에서 점심을 먹고 한 시간 동안 이야기를 나누었다. 교수님 밑에서 석사를 마치고 해외 유학을 다녀오면 직장생활과는 다른 인생이 펼쳐질 것만 같았다. 그런데 그 순간 어머니의 모습이 머릿속을 스쳐 지나갔다. 고시 공부하는 아들의 모습에 지쳐 있을 어머니께 또 한 번의 부담을 드려서는 안 되겠다는 생각이 들었다. 교수님의 제의를 직접 뿌리치지는 못했지만 내심 취업으로 방향을 돌리고 저녁에 어머니께 넌지시 이야기를 해 보았다.

"엄마, 나 취업하는 대신 대학원에 입학해서 공부 더 해볼까? 지도교수님이 공부에 재능이 있다고 하는데 나중에 교수 엄마 소리 들으면 좋잖아?"

어머니는 바로 "교수 하려면 돈이 얼마나 드는데!"라며 부담스러운 눈치셨다. 나이 30살이 돼서야 취업을 준비하는 큰아들이 못내 못마땅하고 불안했던 어머니였기 때문에 말을 꺼내 놓고 괜히 미안해졌다. 어쨌든 인생의 갈림길이 될 수 있었던 그 순간 결국 나는 현실을 택하고 말았다. 사회에 나가서 할 수 있는 일이 더 많을 거라고 스스로 위로하면서 말이다. 사실 사법시험 준비

때문에 공부에 신물이 난 상태인데 다시 공부를 해도 성과가 없을 것이 분명했다. 결국 현실을 도피하는 것밖에 되지 않는다는 생각 때문에 확실히 마음을 정리할 수 있었다.

3
1년도 안 돼서
첫 직장에 사표를 쓰다

"인간은 노력하는 한 방황한다."
– 괴테 〈파우스트〉 中

　예상과 달리 생애 첫 직장은 생각보다 쉽게 찾아왔다. 대학교 마지막 학기를 다니던 중 한 금융회사에 합격하게 되었다. 학교에는 양해를 구하고 중간고사와 기말고사를 리포트로 대체하였다. 하지만 학점이 잘 나오는 것은 기대할 수 없었다. 대부분 B-, C+ 등을 받고 말았다. 하지만 취업했다는 안도감 때문에 성적이 나쁘게 나오는 것도 크게 신경 쓰이지는 않았다. 어머니는 우리 가족에게 걱정스런 존재였던 나의 취업을 축하하는 의미로 백화점에서 양복 한 벌을 맞춰주셨다. 새로 산 양복만큼이나 사회인이 된다는 사실이 어색하기만 했다.

　2010년 4월 19일, 첫 출근을 하였는데 지하철 2호선을 타고 출근하는 동안 직장생활에 대한 설렘과 긴장으로 마음을 진정시키기 어려웠다. 무엇보다도 하나금융그룹 계열사에 근무한다는 자부심이 매우 컸다. 사실 법무 직무에 취업을 하려던 나는 직장생활을 먼저 한 동생의 조언에 따라 사업부서를 경험해 보기로 하였다. 회사생활을 해 본 사람들은 알겠지만 사업부서는 회원사 관리를 해야 하기 때문에 커뮤니케이션 능력과 함께 신속한 업무 처리능력이 필요하다. 하지만 그동안 법무 쪽으로만 치중되어 있던 나의 사고와 행동들이 한순간에 사업부서에 적응하기에는 어려움이 많았다. 그런데 가장 큰 문제는 법무 직무가 아닌 사업관리에 큰 흥미를 느끼지 못하는 것이었다.

예전에 어떤 분이 "좋아하는 일을 해야 즐기게 되고, 즐겨야 오래 할 수 있고, 오래 해야 전문가가 된다."라고 했는데 나는 회사에서 하는 일조차 즐겁게 하지 못했다. 최근 신문기사를 보면 신입사원 중 1년 내에 퇴사를 하는 비중이 늘고 있다고 하는데 나도 예외는 아니었다. 출근해서 퇴근하는 동안 일을 배우는 재미로 보내기보다는 어떻게 하면 오늘 하루 사고 치지 않고 지나갈까 하는 마음으로 하루를 보내곤 했다. 그러다 보니 일도 생각만큼 익숙해지지 않았다. 그리고 사람들 간의 관계도 원만하지 못했다. 특히 사업부서 사람들과 내가 맞지 않는다는 생각이 들 때가 너무 많았다. 사람과의 관계가 뒤틀려버리니까 일할 맛이 나지 않았던 것은 물론이었다.

그러던 어느 날 부서 워크숍을 위해 내 차로 이동하던 중 교통 사고가 크게 나고 말았다. 서울-용인 간 고속도로에서 뒤따라오던 차량과 추돌하게 된 것이다. 작장 동료들이 라디오 교통방송에도 사고 소식이 나왔다고 할 정도의 큰 사고였다. 차량은 전복이 되었지만 다행히 함께 타고 있던 직장 동료들과 나는 몸 하나 상한 데 없이 무사할 수 있었다. 그때 교통경찰관이 사망자 확인을 하기 위해 다가오던 생각을 하면 아직도 몸서리쳐질 정도로 오싹하다. 차량은 고속도로 옆 가로등을 쓰러뜨리고 전복되었는데, 어느 날 도로교통공사 직원이 전화를 해서 가로등을 세워야 하는데 보험 처리하겠냐고 물어보는 일도 있었다.

이 일을 계기로 나는 즐길 수 있는 일을 해야겠다고 다짐했다. 그리고는 평소 고민하고 있었던 일을 실행에 옮겼다. 바로 회사에 사표를 던지는 것이었다. 교통사고 전까지만 해도 자기계발서에 나오는 "자기가 좋아하는 일을 해라.", "꿈이 시키는 일을 하며 살아라."와 같은 이야기를 들으면 무심코 흘려보냈다. 하시만 죽을 고비를 넘기고 나니까 매 순간 내가 싫어하는 일을 하고는 도저히 살 수 없었다. 누구나 마찬가지겠지만 직장에서 사표를 낼 때는 궁색할 때가 많다. "업무가 마음에 들지 않는다.", "부서 사람들이 나와 맞지 않는다.", "공부를 더 해보고 싶다." 등 다양한 이유가 있지만 결국 함께 일하던 조직을 버린다는 느낌을 스스로도 지울 수 없었다.

그래서 면담을 하게 된 본부장님께는 다시 사법시험 준비를 해보고 싶다며 선의의(?) 거짓말을 하였다. 다행히도 본부장님은 흔쾌히 승낙해 주셨고 건승하라고 덕담도 해 주셨다. 그리고 혹시라도 시험 결과가 좋지 않으면 다시 회사에 돌아와도 좋다고 말씀해 주셨다. 짧은 회사생활이었지만 윗분들께 미운털이 박히지 않았던 것 같아 기분이 나쁘지만은 않았다. 사회생활에서는 첫인상보다 마지막 인상이 더 중요하다고 한다. 그래서 최대한 맡은 일을 끝내고 인수인계까지 깔끔하게 해놓고 나왔다. 그렇게 1년도 되지 않은 신입사원 생활에 마침표를 찍고 2010년 12월 31일 차디찬 겨울 또다시 나는 '백수'가 되었다.

사표를 내고 다음 날 아침은 출근하지 않아도 된다는 생각에 몸과 마음이 홀가분했다. 흡사 군대를 제대한 그 다음 날의 자유로운 기분과도 같았다. 하지만 2~3일이 지나자 다 큰 아들이 집에만 있는 것도 눈치가 보였고, 특히 '사법시험 실패', '첫 직장 실패', '나이 31살에 백수' 이런 수식어가 꼬리표처럼 나를 따라다닌다고 생각하니 불편한 마음을 견딜 수가 없었다. 그래서 하루는 무작정 지하철을 타고 여의도로 향했다. 토요일 아침이었는데 여의도역에 내려서 우뚝 솟은 건물들을 바라보았다. 금융회사 건물들이 빼곡히 둘러싸인 여의도의 공기에 압도당하며 이런 생각이 들었다.

'이 많은 기업 중에 내가 갈 곳이 없다는 게 말이 돼?'

　사실 여의도를 찾게 된 이유는 1월부터 여러 금융회사에 지원했지만 불러주는 곳이 없는 초라한 현실 때문이었다. 그런데 막상 여의도에 와 보니 많은 금융회사가 있었고, 그중에 나를 불러주는 회사가 없다는 것을 인정하고 싶지 않았다.

　"도대체 회사는 사람 볼 줄 모르네. 나를 데려가는 회사가 있으면 횡재한 건데……."

　혼잣말로 중얼거리며 그날 오전 내내 여의도 공원에 머물렀다. 그리고 시간 가는 줄도 모르고 한동안 여의도에서 일하는 즐거운 상상을 해 보았다. '생생하게 꿈꾸면 현실이 된다'는 『꿈꾸는 다락방』 이지성 작가의 'Realization=Vivid+Dream' 공식을 되뇌며 말이다.

4
절망 가운데 희망을 노래하다

"우리들에게 쓰디쓴 시련으로 보이는 것들이
때로는 변장한 축복인 경우가 있다."

– 오스카 와일드

천 번을 흔들려야 어른이 된다고 했던가? 세상이 그렇게 호락
호락하지 않다는 이야기는 중학생 이후부터 많이 들어왔다. 그래
서 내 인생이 생각처럼 풀리지 않을 때면 현실의 벽에 좌절할 때
가 많았다. 그럴 때면 지친 마음을 다잡기 위해 예전에 봤던 영화
를 다시 꺼내보았는데 바로 〈쇼생크 탈출〉이다.

〈쇼생크 탈출〉은 지금까지 내가 본 영화 중에 최고의 수작으로
손꼽는다. 일 년에도 2~3번 다시 찾아볼 정도다. 팀 로빈스(앤디
듀프레인 역)와 모건 프리먼(레드 역)이 주연한 영화는 휴머니즘과
끈끈한 우정, 자유에 대한 끊임없는 갈구, 인간의 외로움이 고스
란히 녹아 있다. 물론 주인공이 쇼생크라는 이름의 교도소를 탈

출하는 것을 내용으로 하고 있지만 그 이면에는 우리가 살아가고 있는 감옥 같은 삶을 벗어나고픈 인간의 모습이 투영되어 있다.

레드는 앤디에게 감옥 생활에 대해서 이렇게 말한다. "처음엔 싫지만 차츰 익숙해지지. 그리고 세월이 지나면 벗어날 수 없어. 그게 길들여진다는 거야." 하지만 앤디는 어둠 속에서도 희망을 찾아 탈옥을 감행하여 결국 자유의 몸이 된다. 레드가 감옥에서의 삶에 길들여진 채로 현실을 수용해 버린 것과는 대조적인 모습이다.

이 영화를 보면 자신이 세운 꿈과 목표를 계속 찾아가는 사람과 그렇지 못한 사람은 그 결과가 극명하게 달라지는 것을 알 수 있다. 희망이라는 끈을 놓지 않고 살아간다면, 그리고 사회가 주어진 통제와 속박과 시선에 길들여지지 않는다면 어둠에서 빛으로 나아갈 수 있음을 보여 준 것이다. 그래서 나는 힘든 일이 있을 때마다 앤디 듀프레인이 보여준 영화 속 모습을 떠올리며 조금만 더 참자고 다짐했다. 고달픈 현실이지만 마음속에는 뜨거운 열정과 확고한 목표를 간직한 채 말이다.

2011년 1월부터 2월까지 시간은 하염없이 흘러갔다. 집에만 있다 보니 고시공부에 대한 생각이 다시 올라오기 시작했다. 군대를 제대하면서 더 이상 사법시험을 공부하지 않겠다고 다짐했던 나였다. 당시 내 현실이 얼마나 암담하고 절박했는지 알 수 있다. 아무것도 해볼 수 없다는 그 무기력함 말이다.

그러던 어느 날 어머니와 동생이 예전에 기도원에 가서 마음을 다스리고 왔던 것이 기억나서 무작정 한 대형교회가 운영하는 기도원을 1박 2일 동안 다녀왔다. 사실 기도원을 가겠다고 마음을 정한 것은 당시 여의도의 한 회사에 최종 면접을 보고 난 후 긴장된 마음을 진정시킬 수 없었기 때문이었다. 같이 면접을 보았던 분들이 출중해서 나의 합격을 장담할 수 없는 상태여서 더욱 그랬다. 숙소에 짐을 풀고 오전, 오후, 저녁 예배에 참석을 하고 기도 제목을 갖고 눈물 흘리며 하나님께 기도를 드렸다. 처음에는 풀리지 않는 인생길에 대한 성토의 내용이 대부분이었다. 그래서 내 인생이 갈 길을 묻고 또 구했다.

"너는 내게 부르짖으라. 내가 네게 응답하겠고 네가 알지 못하는 크고 은밀한 일을 네게 보이리라."(예레미야 33:3)

"아무것도 염려하지 말고 다만 모든 일에 기도와 간구로 너희 구할 것을 감사함으로 하나님께 아뢰라."(빌립보서 4:6)

"구하라, 그러면 너희에게 주실 것이요. 찾으라, 그러면 찾을 것이요. 문을 두드리라, 그러면 너희에게 열릴 것이니"(마태복음 7:7)

기도원에 가면 말기 암으로 시한부 인생을 사는 사람들과 가정의 절박한 문제를 기도 제목으로 들고 와서 기도하는 모습을 많이 볼 수 있다. 새벽에도 기도회는 이어졌는데 그들의 눈물 어린 기도 내용은 누가 들어도 가슴 아팠고, 내가 겪고 있는 좌절은 사치스럽게 느껴졌다.

그날 나는 내게 주어진 상황이 어떻든 간에 감사드린다는 내용으로 많지 않은 액수와 함께 감사헌금을 드렸다. 아직 마음속에 열정의 씨앗이 있었기 때문에 또 한 번의 실패가 온다 해도 좌절하거나 실망하지 않겠다고 다짐하였다.

"의인은 고난이 많으나 여호와께서 그의 모든 고난에서 건지시는도다."(시편 34:19)

그런데 놀랍게도 기도원을 다녀온 후 며칠 되지 않아서 합격자 발표를 기다리고 있던 여의도의 한 회사로부터 한 통의 전화를 받았다.

"감민철 씨, 최종 합격하셨습니다. 축하드립니다."

그렇게 나는 여의도에 위치한 국내 최고의 개인신용평가회사인 'NICE평가정보'에 최종 합격을 하였다. 그동안 생생하게 꿈꾸며 바랐던 여의도에 입성하여 직장생활을 하는 행운을 누리게 된 것이다. 그것도 리스크관리(법무/기획) 업무를 담당하면서 말이다. 그런데 좋은 일은 연달아 온다고 했던 말이 사실인지 2~3군데 회사에서도 합격 통보를 받았다. 고민 끝에 신용사회의 전문가로 성장할 수 있는 NICE평가정보를 최종 선택하였다.

다행히 취업의 관문을 통과했지만, 취업 준비를 하면서 사회가 만들어 놓은 불문율과 마주해야 했다. 그것은 다름 아닌 30대 대기업에서 직장생활을 시작해야 할 것만 같은 의무감이었다. 하지만 나는 눈을 돌려 회사 타이틀이 아닌 새로운 시장과 업무에 집중을 하여 새롭게 판을 짜보기로 했다. 예전에 사법시험에 떨어진 후 병무청의 징집영장에 의해 억지로 군 입대를 한 것이 아니라 특전사를 선택해서 자원입대한 것과 같은 맥락이다.

우리들은 '어쩔 수 없는 상황에서 어쩔 수 없는 선택을 할 수밖에 없다'고 스스로를 고정된 틀 안에 가두는 경우가 많다. 하지만 우리의 선택을 강요하는 어떤 사회적 한계에 대해 적극적으로 저항해 보자. 청춘의 특권은 기성세대의 가치와 사고방식에 저항해 보는 용기라고 생각한다.

혹시 여러분 중에 현실이 힘들고 어렵게만 느껴진다면 누군가 다른 사람이 만들어 놓은 틀을 깨고 나와 내가 새로운 판을 만들어 보는 것은 어떨까? 어려움을 극복하고 난 이후에 볼 수 있는 그 너머의 것들을 상상하면서 말이다. 새로운 도전에 두려움을 갖지 않는다면 더욱 달콤한 열매가 당신을 기다리고 있을 것이다. 윈스턴 처칠은 "비관론자는 어떤 기회가 찾아와도 어려움만을 보고, 낙관론자는 어떤 난관이 찾아와도 기회를 바라본다."라고 했다. 여러분도 인생 가운데 어둠을 빛으로 몰아내겠다는 담대한 마음을 가졌으면 좋겠다.

5
합격하는 자기소개서는 다르다

"글쓰기의 세상이 온다. 직원을 뽑으려면 글쓰기 실력을 꼭 보라."
– 제이슨 프라이드, 웹 기반 소프트웨어 업체 「37signals」 창립자

취업 준비는 크게 3단계로 나뉜다. 첫째, 지원하려는 회사와 직무를 정하고 둘째, 이력서와 자기소개서를 작성하며 셋째, 면접을 준비하는 것이다.

먼저 취업한 선배 입장에서 자기소개서의 중요성을 무엇보다 강조한다. 왜냐하면 자기소개서는 단순히 서류전형의 합격을 좌우하는 것이 아니라 면접관들의 질문사항과도 연관이 되기 때문이다. 특히 최근 스펙 경쟁이 치열해지다 보니 검증되지 않는 자기소개서 내용을 쓰고 면접관을 속이려는 구직자까지 등장하고 있다. 그래서 회사는 자기소개서에 기술된 내용에 묻고 답하면서 진위 여부를 확인하는 것이다. 때론 압박면접을 하면서 말이다.

그렇다면 인사 담당자의 눈에 띄는 자기소개서 작성 비결은 무엇일까? 그리고 최종 면접에서 회사가 뽑고 싶은 사람이 되려면 자기소개서를 어떻게 작성해야 할까? 후배들의 질문에 대해 나는 이렇게 대답을 한다.

"자신의 역량이 조직과 업무에 어떻게 활용될 수 있는지 중점적으로 작성하되, 나의 스토리가 자기소개서 전반에 녹아들어 있어야 한다. 쉽게 말해서 회사가 너라는 '상품'을 사고 싶게 만들면 바로 합격이지."

그렇지만 인사 담당자나 면접관 모두 사람이기 때문에 진정성이 느껴지는 자기소개서에 좋은 인상을 받는 것은 물론이다. 진심만큼이나 사람을 감동시키는 것이 없기 때문이다. 나 역시 자기소개서에 진정성과 호기심을 갖게 하는 내용으로 채워 나갔는데 지금 생각해 보면 요즘 흔히 말하는 스토리텔링 방식을 사용했다. 단순한 경험의 나열이 아니라 경험을 통해서 성공과 실패를 하였다면 이것이 지원하는 직무와 어떤 측면에서 연관이 있고 향후 입사하여 어떤 식으로 연결시켜 나가겠다는 비전을 보여주는 것이 중요하다. 그렇지 않고 피상적으로 쓰는 자기소개서는 십중팔구 쓰레기통에 들어가는 것을 피할 수 없다.

어느 인사 담당자로부터 들은 이야기인데 수천 장의 자기소개서를 다 읽어볼 수 없기 때문에 특정 자격 조건과 자기소개서에 기술된 핵심 키워드 등으로 서류전형 합격자를 결정한다고 한다. 결국 인사 담당자에게 인상적이지 못한 자기소개서라면 밤새워 쓴다 한들 소용이 없는 것이다.

평소 글쓰기에 관심이 많던 나는 2003년 아버지가 돌아가시고 모 생명보험사가 주최한 리얼 스토리 공모전에서 2등으로 당선된 적이 있다. 나는 아버지의 암 투병과 그 과정 속에서 가족의 소중함 그리고 보험의 소중함을 절실히 느꼈다는 내용을 담담하게 써내려갔다. 글을 쓰는 동안 너무 몰입한 나머지 감정에 복받쳐서 눈물이 마르지 않았다. 그러던 어느 날 보험사 담당자로부터 전화를 받았는데 내 글을 읽어 보았는데 너무 감동적이어서 다른 직원들도 함께 울었다고 말하는 것이다. 너무나 뜻밖의 전화였다. 왜냐하면 그때까지만 해도 내가 쓴 글이 누군가의 마음을 움직일 수 있다는 것을 몰랐기 때문이다.

또 한 번은 이런 일도 있었다. 늦깎이로 취업 준비를 해서 마음 한편에는 어머니에 대한 죄송함이 항상 따라다녔다. 그런데 어머니가 하루 종일 가게에서 일하면서 기독교 라디오방송을 즐겨 듣는 것을 알게 되었다. 라디오에서 흘러나오는 사연에 감동하고 눈물을 흘렸던 어머니는 저녁마다 그날 들었던 사연을 이야기해 주시곤 했다. 그때 문득 이런 생각이 들었다. '라디오를 통해서 우리 가족의 사연이 흘러나오면 어머니가 일하는 동안 얼마나 힘이 나고 행복해할까?' 나는 그날 바로 실천에 옮겼다.

정성껏 쓴 우리 가족의 사연을 어머니가 즐겨듣는 기독교 라디오 방송사연에 보냈는데, 5군데 모두 나의 사연을 라디오 방송을 통해 소개해 주었다. 물론 사연에는 어머니 성함을 함께 적어서 보냈기 때문에 라디오를 통해서 흘러나오는 우리 가족의 사연에 어머니는 하루의 고단함을 잊고 즐거운 마음으로 일하셨다고 한다. 내가 작성한 방송 사연에는 어머니에 대한 나의 절절한 마음이 고스란히 녹아 있었는데, 방송작가가 그러한 진심을 느껴서 뽑았던 것이 아닐까 생각한다. 어머니는 라디오방송 사연 선정과 함께 집으로 배달되던 선물 공세에 며칠 동안 어린아이처럼 즐거워하셨다.

진정성 다음으로 중요한 것은 자기소개서 본연의 목적을 달성할 수 있어야 한다는 점이다. 기업의 인사 담당자와 실무진, 그리고 임원은 자기소개서를 통해서 당신이 회사와 함께 일할 수 있는 사람인지 판단한다. 단순히 자기의 스펙만을 나열하고 뽑고 싶으면 뽑아 보라는 식의 접근은 위험하고 또한 상대방을 불편하게 할 뿐이다.

그렇다면 합격하는 자기소개서는 어떻게 다를까? 정답은 자신의 인생스토리를 자기소개서에 입혀서 다른 사람들에게 스토리텔링 하듯 전달하면 된다. 참고로 취업을 준비할 당시 여러 번의 고민을 통해 고쳐 쓴 자기소개서로 지원했던 곳의 서류전형 결과를 소개한다. 20군데에 원서를 제출했었는데 최종 합격을 하지 못한 경우도 있었지만 대부분 서류전형은 통과했다.

- 국가정보원 서류 합격, 필기시험 응시
- 금융감독원 서류 합격, 필기시험 응시
- NICE평가정보 서류 합격, 필기시험 합격, 실무진 면접 합격, 최종 합격
- 동부자산운용 서류 합격, 실무진 면접
- 서울신용보증재단 서류 합격, 필기시험 합격, 실무진 면접 불참
- 이랜드 서류 합격, 필기시험 합격, 합숙면접 합격, 임원 면접
- 이화여자대학교 의료원 서류 합격, 필기시험 합격, 최종 합격
- OBS 방송국 PD직군 서류 합격, 필기시험 불참
- 청와대 경호처 불합격
- 하나자산신탁 서류 합격, 필기시험 합격, 실무진 면접 합격, 최종 합격
- 한화그룹 서류 합격, 실무진 면접 응시
- 한국예탁결제원 서류 합격, 필기시험 합격, 실무진 면접 응시
- 현대정보통신 서류 합격, 필기시험 합격, 실무진 면접 합격,

최종 합격

　채용과정은 최종면접에 올라가서 마지막 승부수를 띄워야 한다. 그런데 서류전형에 불합격하면 최종면접을 볼 기회조차 없기 때문에 자기소개서를 절대 우습게 보아서는 안 된다. 내세울 스펙이 없었던 내가 서류전형에 합격할 수 있었던 비결도 자기소개서 덕분이었다. 자기소개서를 반복해서 고쳐 쓰다 보니 쓰는 사람의 관점이 아니라 읽는 사람의 관점으로 바라보게 되었다.

　대부분의 회사들은 자기소개서 항목으로 지원 동기, 성장 과정, 성공과 실패 경험, 입사 후 포부, 직무 역량을 필수로 적도록 하고 있다. 이때 구직자들이 간과해서는 안 되는 것이 자기가 하고 싶은 말만 하는 것이 아니라 자기소개서를 통해 회사가 알고 싶어 하는 말을 해야 한다는 것이다. 즉, 질문의 의도를 정확하게 파악하는 것이 무엇보다 중요하다.

　그렇다면 회사는 첫 번째로 '지원 동기'를 통해서 무엇을 알고 싶은 것일까? 그것은 당신이 지원하는 회사에 얼마만큼의 관심이 있는지 확인하려는 것이다. 자기가 지원하는 회사가 정확히 어떤 일을 하는지도 모르고 무작정 지원하는 사람들을 걸러내는 것이 질문의 의도인 것이다. 그렇기 때문에 자기소개서를 작성할 때는 최소한 인터넷 검색을 통해서 회사 소개나 최근 동향을 숙지한 후 지원 동기를 작성해야 하고, 숫자 등을 통해서 구체적으로 표현하면 금상첨화이다.

두 번째로 '성장 과정'은 조직에 대한 적응력이 얼마나 되는지 알아보기 위한 의도에서 묻는 것이다. 입사를 하게 되면 보통 1년 내에 그 사람에 대한 모든 것이 판가름 난다. 조직에서 성장할 사람인지, 다른 직원과 원활하게 의사소통하는 사람인지 등. 이때 그동안 살아온 성장 과정이 중요한 역할을 한다. 어릴 때부터 부모와 자유롭게 소통하였거나 학창 시절 교우관계가 좋았던 사람들은 분명 조직생활에 있어서도 어려움이 없다. 하지만 성장 과정에 문제가 있는 사람이라면 분명히 조직생활을 할 때 문제가 발생한다. 그래서 회사는 자기소개서를 통해서 당신의 성장 과정을 빠르게 스캔하고 싶은 것이다. 우리 조직을 '흥하게 하는 자'인지 '망하게 하는 자'인지 확인하기 위해서.

세 번째로 '성공과 실패 경험'은 회사에 입사한 후 바로 투입할 수 있는 역량을 갖추고 있는지 확인하기 위함이다. 요즘 경력직 같은 신입직원을 선호하는 기업들이 늘고 있다. 경험이 없는 신입사원을 채용해서 교육시키는 것보다 바로 현장에 투입하여 성과를 낼 수 있는 신입사원(?)을 원하기 때문이다. 그래서 당신이 경험한 성공담과 실패담을 들어 보고 싶어 한다. 맞닥뜨린 문제를 어떻게 해결했는지 살펴보면서 당신의 역량을 확인하기 위해서다. 그래서 자기소개서 내용도 단순히 자기의 기억을 더듬어 성공과 실패 경험을 단순 나열해서는 안 되고 '그래서' 또는 '그럼 에도 불구하고' 어떻게 극복했다 또는 어떤 분야에서 한 단계 도약했다는 식의 접근이 필요하다.

네 번째로 '입사 후 포부'는 입사한 후 당신의 비전이 무엇인지 확인하기 위한 의도로 질문하는 것이다. 맹목적으로 눈앞에 놓인 취업에만 혈안이 되는 사람이 아니라 5년, 10년 앞을 내다보면서 회사와 함께 어떻게 동반 성장할 수 있는지 구체적으로 선명한 비전을 보여주면 된다. 그러기 위해서는 회사에 대한 이해도 필요하고 자기가 일하고 싶은 분야의 직무에 대한 지식도 필요하다. 만약에 자기소개서를 작성하다가 막히는 부분이 있으면 회사 홈페이지나 회사가 발행하는 사보 또는 최근 언론기사를 검색해서 지금 회사가 겪고 있는 문제점이나 어떤 분야에 진출을 모색하고 있는지 검색해보고 작성에 참고하면 많은 도움이 될 것이다.

다섯 번째 '직무역량'은 입사를 위한 준비가 얼마나 되어 있는지 확인하기 위한 목적이다. 그러면 어떻게 하면 자기소개서에 자신의 직무역량을 드러낼 수 있을까? 정답은 자기가 일하고자 하는 직무와 연관된 스펙을 소개하여 자신을 어필하는 것이다. 스펙은 이때 사용가치를 발휘하게 된다. 입사 후 담당하게 될 직무를 위해서 자격증, 어학연수, 인턴 경험을 했다고 자신을 소개하는 구직자를 회사는 어떻게 보겠는가? 아마도 다른 회사에 빼앗기고 싶지 않을 것이다. 그리고 회사의 성장을 위해서 함께 일해 보자고 당신에게 적극적으로 어필할 것이다.

이외에도 자기소개서를 작성할 때 주의할 사항을 몇 가지 적어 보았다. 꼭 기억해 주었으면 좋겠다.

- 첫인상이 중요하다. 인사 담당자의 눈을 사로잡는 첫 문장을 만들어 두자. 참고로 오세종은 『잡코리아에 없는 취업 멘토링』에서 유명한 광고 카피나 명언을 이용하여 자기소개서를 작성하는 방법을 제시했는데 치열한 취업 전쟁에서 인사 담당자의 눈에 띄는 최고의 방법인 것 같아서 잠깐 소개한다.

"당신을 표현합니다." (BMW)
"당신의 걸음은 세상의 길이 됩니다." (조니 워커 골드)
"이 세상 가장 향기로운 커피는 당신과 함께 마시는 커피입니다." (맥심)
"10년을 생각하면 기술이지만, 100년을 생각하면 철학입니다." (쌍용자동차 뉴체어맨)

- 지원하는 회사와 직무를 분석하여 자기소개서에 녹여내자.
- 쓸 말이 없는 것은 용서가 되지만, 거짓말은 절대 용서받을

수 없다.

– 맞춤법, 띄어쓰기는 글에 대한 인상을 좌우하기 때문에 반복
확인하자.

– 컨트롤 C, 컨트롤 V를 하더라도 '회사명'만큼은 꼭 확인하자.

– 분량보다는 전달하는 바를 정확히 표현하는 것이 중요하다.

6

넌 구글에 출근하니?
난 'NICE'에 출근한다

"나에 대한 자신감을 잃으면 온 세상이 나의 적이 된다."
– 랄프 왈도 에머슨

하늘은 스스로 돕는 자를 돕는다고 했던가? 나는 31살이 돼서
야 꿈에 그리던 여의도 직장인이 될 수 있었다. 지하철 9호선 국
회의사당 역에 하차하여 첫 출근을 하던 날, 많은 사람들이 바쁘
게 발걸음을 재촉하던 모습을 보며 내 자신을 대견스럽게 생각
했다. 흔히 여의도 직장인에 관해 환상을 갖고 있는데 나도 예외
는 아니었다. 특히 여의도에 근무하는 사람들은 다들 경제적으
로 여유롭고, 모두 선남선녀라고 생각했었다. 이와 관련해서 입
사 후 재미있는 에피소드가 있어서 잠깐 소개한다. 믿기지 않겠
지만 나는 백화점이나 대형마트를 직장생활을 시작하면서 처음
가보았다.

하루는 과장님, 입사 동기와 함께 회사 근처의 대형마트를 간 적이 있다. 과장님은 내게 카트를 갖다 달라고 했다. 그런데 문제는 그 다음부터였다. 이마트는커녕 이동식 카트를 이용해 본 적이 없던 나는 동전을 넣어야 카트를 뽑을 수 있다는 기본적인 상식조차 없었다. 그럴 수밖에 없던 것이 어머니가 평생 재래시장만 다니셨기 때문에 나도 백화점이나 이마트보다 재래시장이나 동네 슈퍼마켓을 자주 이용했다. 그래서 여의도 직장생활을 하면서 한동안 적응하지 못할 때가 많았다. 내가 해보는 모든 것들이 대부분 새로운 것들이었기 때문이다.

처음 우리 회사명을 듣게 되면 대부분 생소하다는 이야기를 많이 한다. 사실 삼성이나 LG, 현대와 같은 대기업처럼 익숙한 이름은 아니다. 하지만 우리나라에서 가장 오래된 역사를 자랑하며 국내 최초로 신용정보 서비스를 시작한 회사로 금융산업의 핵심인프라 역할을 하고 있다. 특히 내가 입사한 2011년 바로 전인 2010년 11월에는 한국신용정보와 한국신용평가정보 두 회사가 합병을 하여 아시아 제1의 금융인프라 그룹이라는 사명감을 갖고 새롭게 출범하였다. 해외 진출을 위해서 상호도 '한국' 대신에 「NICE(National Information & Credit Evaluation)」로 변경하였다.

얼마 전에 "직장인이 꼽은 가장 행복한 기업" 순위가 발표된 적이 있었다. 기업평가 전문기업 잡플래닛이 2014년 11월부터 올해 5월 말까지 전·현직 직장인을 대상으로 직장인 만족도를 분석하였는데, NICE평가정보가 당당히 3위에 올랐다. 평가 항목은 회사에 대한 만족도, 승진 기회 및 가능성, 급여 및 복지, 사내문화, 일과 삶의 균형, 경영진 등 6개 영역이었다.

요즘 구직자들의 눈높이가 삼성과 LG 등 유수의 대기업에 맞추어져 있다 보니 알짜회사에는 고급 인력이 몰리지 않는다고 한다. 하지만 이미 성장해 버린 회사에서 코끼리의 엉덩이만 만지는 생활을 하는 것보다 회사의 성장 가능성을 믿고 회사에서 핵심 역할을 할 수 있는 곳에 입사하는 것도 충분히 매력적이라고 생각한다.

「익스페리언」, 「트랜스유니언」, 「이퀴팩스」

우리나라와 비교할 수 없는 정도의 시장 규모와 매출액을 보유한 세계적인 신용정보회사이다. 지금은 그들과 비교 자체가 안 되지만 지금 흘리는 땀방울과 시간들이 모여서 언젠가는 그들이 우리를 벤치마킹할 수 있기를 기대해본다. 그리고 그 순간을 위해서 나는 평범한 회사원이 아닌 최고의 전문가를 꿈꾸는 'NICE인(人)'이 되겠다고 세상에 선포한다. 신용사회의 핵심 인프라인 우리 회사가 100년을 내다보는 회사가 되기를 바라면서 말이다. 5년 차 직장인이 된 나의 일상은 회의에 참석하거나 업무 전화를 받고 중간에 이메일로 요청받은 검토 건을 처리하고 새로운 정보나 소식들을 정리하여 보고를 하는 일이다. 물론 금융위원회나 금융감독원과의 업무 협조도 매일매일 나의 일상을 채우고 있다.

처음 사회생활을 시작할 때 회사의 성장과 함께 나도 하루가 다르게 발전하겠다는 목표를 세웠다. 직장인에게 발전이라는 것은 자기계발을 통해서 가능한데 하루 일과에 치이다 보면 실천하기 어려울 때가 많이 있다. 그래서 새로운 목표를 정해서 도전하는 것을 좋아했던 나는 직장생활과 병행하면서 꿈을 이룰 수 있을지 걱정을 하였다. 하지만 지난 5년 동안 나의 생활을 돌이켜보니 직장생활과 자기계발을 병행하는 것이 충분히 가능했다. 그것은 나의 노력도 있었지만 NICE의 기업 문화가 경직되지 않고 직원 개개인의 발전을 적극 지원해 주는 분위기 때문에 가능했다고 생각한다.

특히 경찰수사연수원에서의 「통신금융추적과정」 강의와 금융기관 신입사원을 대상으로 「신용정보법」 강의를 한 경험은 강의 스킬을 키우고 수업몰입도를 끌어내기 위한 노력이 더 필요함을 깨닫게 해 주었다. 그래서 주말에 시간을 내서 이미지 코칭 전문가 과정에 참여하여 대중들에게 내가 전달하고자 하는 바를 명확하게 표현하는 방법을 배워나갔다. 부족한 부분을 보완하니 Personal Image Director 2급 자격증도 취득할 수 있었다.

그리고 신용정보와 개인정보 관련 업무를 하다 보니 전문성이 필수적이어서 출퇴근 시간을 이용해서 틈틈이 공부를 하였다. 그 결과 신용회복위원회의 '신용상담사', 신용정보협회의 '신용관리사', CPO포럼의 '개인정보관리사(CPPG)', NICE평가정보의 '개인신용평가사(CSA)' 자격시험에 모두 합격할 수 있었다.

직장생활을 하면서 누렸던 또 하나의 호사(好事)는 내 이름으로 된 책을 출판하겠다는 마음을 행동으로 옮겼다는 것이다. 『내 생애 꼭 하고 싶은 32가지』(위닝북스)가 바로 그것이다. 비록 공저이긴 하지만 대형 서점을 오고 갈 때마다 저자로 등재된 나의 이름을 확인하면 뿌듯하다. 생생하게 원하는 모습을 이미지화하는 데 작은 도전과 성취는 큰 도움이 되었다.

NICE의 또 다른 강점은 위계질서가 존재하지만 그렇다고 커뮤니케이션이 차단되지 않은 수평적인 조직 분위기를 들 수 있다. 간혹 부서장들이 요즘 회사 분위기가 예전과 많이 달라졌다는 이야기를 한다. 아마도 권위적인 것을 싫어하고 자율과 창의를 중요시하는 젊은 직원들의 생각이 회사에 반영되었기 때문이라고 생각한다. 그런 점에서 NICE는 내 또래의 직장인들이 사회생활을 하는 데 더할 나위 없이 좋은 환경을 제공해 준다.

직원들을 위한 문화 혜택과 복지 혜택도 어느 회사에게 뒤지지 않는다. 회사가 주최하는 이벤트에 여러 번 당첨되어 장인어른께 부산롯데호텔 숙박권을 선물하여 분위기 있는 호텔에서 식사를 할 수 있도록 해드린 적이 있었고, 주말에 아내와 함께 예술의 전당에서 공연을 관람한 적도 있었다. 그뿐만 아니라 연말에는 인근의 영화관을 통째로 빌려서 직장 동료와 영화 관람을 할 수 있도록 지원을 해줘서 회사생활에 또 다른 즐거움을 주고 있다.

나는 인생에서 몇 번의 실패가 있었다. 아버지가 갑작스럽게 돌아가신 일, 아버지가 돌아가신 후 친척들과 소송에 휘말려 버린 일, 가정 형편이 어려워서 가난이 무엇인지 몸으로 느껴본 일, 7년간 도전한 사법시험에 실패하며 많은 시간을 허비한 일, 첫 직장을 그만두고 다시 백수가 된 일 등 정말 많은 일들이 나의 인생을 스쳐갔다. 그렇지만 그런 고난과 역경 속에서 결코 버리지 말아야 할 것이 있다는 것을 알게 되었다. 그것은 '나에 대한 확신'이다. 나는 다른 사람들이 생각하는 것보다 훨씬 더 괜찮은 사람이라는 자신감이다.

어릴 적에 한스 안데르센의 동화 『미운 오리 새끼』를 재미있게 읽었던 기억이 난다. 보통의 오리들과 다르게 생겼다는 이유로 주변으로부터 멸시와 무시를 당하고 외톨이가 된 미운 오리 새끼는 나중에 자신이 백조였다는 사실을 알고 진정한 자기 존재를 발견하게 된다. 그리고 그동안의 열등감에서 벗어나 하늘 높이

비상한다. 그렇다. 우리들은 살면서 세상이 주는 시선과 이야기에 좌절하며 자신의 잠재가능성을 모르고 살아갈 때가 많다. 하지만 꼭 기억했으면 좋겠다. 자신을 소중히 여기고 자신의 길을 묵묵히 걸어가다 보면 기회가 당신을 향해 손을 흔들 것이다. 그러면 손을 내밀어 그 기회를 잡기만 하면 된다.

그리고 자신이 불행하다는 생각에서 벗어나 내가 행복을 선택할 수 있다는 점을 알았으면 한다. 특히 바꿀 수 없는 환경을 탓하면서 시간을 허비하기보다는 나를 변화시켜서 행복을 찾으려고 노력해보자. 나를 힘들게 했던 환경과 좌절 속에서 내가 벗어날 수 있었던 것도 이런 관점의 전환을 통해서 가능했다. 항상 노력하고 또 노력하자. 지금 누리는 행복이 먼지처럼 흩어지지 않기 위해서는 나를 지키고 가족을 지킬 수 있어야 한다. 그러기 위해서는 꾸준히 자기계발을 하자. 불안하고 불확실한 미래를 걱정하며 하루하루를 보내는 삶이 아니라 불안한 미래가 닥쳐왔을 때 무기로 삼을 수 있는 나만의 역량을 갈고 닦자. 나도 지금 그렇게 살려고 노력하고 있다.

후배들이나 동생들을 만나면 꼭 해주는 말이 있다.

"꼭 이겨라. 힘들다고 어렵다고 포기하지 말고 실패해도 좋으니까 끝을 봐라. 마지막까지 남는 자가 진짜 승리자니까."

〈여기서 잠깐! 회사 소개〉

NICE평가정보(주)는 NICE그룹 계열사로 우리나라에서 가장 오래된 역사를 자랑하는 대표적인 CB(Credit Bureau)이다. 특히 방대한 DB를 자랑하는 한국신용정보(주)와 한국신용평가정보(주)가 2010년 11월 분할합병하면서 세계적인 금융 인프라 그룹으로 도약을 위한 발판을 마련하였다.

- 1987년 국내 최초 신용정보 서비스 개시
- 2002년 국내 최초 CB 구축, CB스코어 개발
- 2004년 세계 최대 신용정보회사인 Experian과 제휴
- 2010년 국내 최대 CB사 출범, 개인신용정보 및 기업정보를 제공하는 국내유일 회사

NICE평가정보(주)도 머지않아 미국 3대 신용정보회사인 익스페리언(Experian), 트랜스 유니언(Trans Union), 이퀴팩스(Equifax)를 넘어 전 세계에 한국의 독자적인 개인신용평가 시스템을 수출하는 기업이 될 것이다. 최근 중국인민은행 신용정보센터와 파트너십 협약을 체결한 것과 베트남 국민의 신용정보가 집중된 NCIC의 개인신용평가 시스템(CSS) 도입 프로젝트에서 익스페리언, 트랜스유니언 등과의 경쟁에서 이긴 것도 경쟁력을 보여준 대표적인 사례이다.

NICE평가정보(주)는 풍부한 개인 신용평가 및 분석 경험, 국내 최대 신용정보 데이터베이스와 축적된 노하우, 우수한 전문 인력과 시장 인지도를 바탕으로 개인신용정보(평가)와 기업정보 서비스를 제공하고 있다.

내가 소속한 CB사업 분야는 개인신용정보 조회, 실명확인 및 본인확인 서비스, 솔루션서비스 등을 제공하고 있는데 주요 서비스는 다음과 같다.

1) 고객의 신용정보 조회에서 부실채권 회수를 위한 채무불이행 정보 등록까지 금융거래 등 상거래 과정에서 발생하는 신용정보를 수집 · 제공하는 서비스를 제공하고 있다.

2) 금융기관이 개인에 대한 신용위험 및 정교한 심사를 가능하게 할 수 있도록 개인신용평가솔루션 컨설팅을 제공하고 있다.

3) 마이크레딧, 크레딧뱅크 사이트를 운영하여 개인신용정보, 금융사기방지, 명의보호 등 전 국민 신용관리 서비스를 제공하고 있다.

4) 주민등록번호를 사용하지 않고 개인을 식별할 수 있도록 나이스 아이핀, 안심체크, 본인확인 서비스를 제공하고 있다.

생각하는 대로 살지 않으면 사는 대로 생각하게 된다

"우리들은 살면서 다양한 선택을 한다.
'하고 싶은 것'과 '해야 하는 것' 사이에서 고민하는 것처럼.

누가 뭐래도 네가 가는 길이 맞다고 생각해

성공을 1%도 의심하지 말고 구체적인 계획을 세워 꾸준히 노력하자.
꿈을 버리지 않는다면 꿈도 당신을 버리지 않을 것이다.

내 인생 최고의 날은 아직 오지 않았다.

아직도 가슴 한편에는 이루고 싶고 도전하고 싶은 열정이 있기에
나의 청춘의 시간은 아직도 현재 진행형이다

Part 2

청춘이
최고의 스펙이다

CHAPTER 4

생각하는 대로 살지 않으면
사는 대로 생각하게 된다

1
바보들만 모르는 성공 키워드

"훗날에 나는 어디선가 한숨을 쉬며 이야기할 것입니다.
숲 속에 두 갈래 길이 있었다고, 나는 사람이 적게 간 길을 택하였다고.
그리고 그것 때문에 모든 것이 달라졌다고."
– 프로스트 〈가지 않은 길〉 中

나는 너무나 평범한 환경 속에서 성장해왔기 때문에 성공한 사람들을 멘토로 두고 조언을 얻을 기회가 없었다. 그래서 생각해 낸 방법이 도서관과 대형서점을 자주 이용하며 나보다 앞서간 사람들의 발자취를 그대로 따라가 보는 것이었다. 물론 책을 통해서 말이다.

성공한 사람들의 이야기를 읽고 그대로 닮아가려고 노력하다 보면 비싼 돈을 들이지 않고도 그들의 습관과 사고방식을 배울 수 있었다. 누군가의 시행착오 끝에 나온 결과물을 나의 삶에 적용하였으니 시간 낭비를 줄일 수 있었음은 물론이다. 이지성 작가는 『스무 살, 절대 지지 않기를』에서 사소한 차이지만 성공 키워드를 생활 속에서 그대로 실천하는 사람과 그렇지 않은 사람은 미래의 모습이 확연히 차이가 난다고 말했다.

예전에 아버지로부터 들었던 이야기다. 종로구 계동에 위치한 고등학교에 출근하다 보면 고인이 된 정주영 前 현대그룹 명예회장이 이른 새벽에 자녀들과 함께 출근하는 모습을 자주 볼 수 있었다고 한다. 아버지는 재벌도 저렇게 열심히 사는데 평범한 우리네들은 어떻게 살아야 할까 많은 생각을 하셨다고 한다.

특히 정주영 회장은 이른 새벽에 일어나서 그날 할 일들을 기대하며 왜 아직도 태양이 뜨지 않느냐고 발을 동동 구르셨다고 한다. 그 일화에 자극받아 나도 아침형 인간이 되려고 노력했다. 흘려보내기 쉬운 새벽시간에 자기계발서 등 독서를 하고, 헬스장에서 체력단련을 하면서 하루를 효과적으로 보낼 수 있도록 컨디션 조절을 하기 시작했다. 그리고 20대 청춘의 시간을 책과 함께 보내면서 성공하는 사람들에게 몇 가지 공통점이 있다는 것을 알게 되었다. 그들은 분명한 꿈과 비전이 있었고, 어떠한 역경도 긍정적인 사고를 하며 자신의 강점을 극대화하여 결국에는 목표를 달성해 내고 말았다.

어느 날 TV 시청을 하다가 반기문 UN 사무총장만큼이나 유명한 분을 알게 된 후 크나큰 도전을 받았다. 그는 글로벌 리더로 유색인종의 롤모델이 된 제12대 세계은행 '김용 총재'다. 유색 인종으로 미국에서 성공하기까지 얼마나 많은 시련과 차별을 겪어야만 했을까. 그런데 그는 2006년에 타임지가 선정한 '세계를 움직이는 100인'에 선정됐고, 2009년 미국 아이비리그 대학인 다트머스대학 총장까지 역임하며 코리안 신화로 불리고 있다.

그는 한국을 방문했을 때 한 강연회에서 글로벌 리더가 되기 위한 네 가지 키워드를 제시하였다. 그것은 바로 즐김(Play), 목표(Purpose), 열정(Passion), 끈기(Persistence)였다. 사실 이 키워드들은 누구라도 알고 있는 진부한 내용들이다. 하지만 이런 삶의 요소들을 지키며 살고 있는 사람들이 과연 얼마나 될까? 하지만 김용 총재는 달랐다. 꿈을 향해 목표를 세워 도전한 그는 오늘날 우리들에게 이렇게 말한다.

"누군가가 되기 위해서가 아닙니다. 무엇이 되기보다는 무엇을 하려고 노력하는 게 바로 성공입니다. 사람의 지능은 평생토록 변하지 않지만, 끈기는 노력에 따라 드라마틱하게 변합니다. 끈기는 성공의 키워드 중 가장 어려운 것이지만 그만큼 가치 있는 성공을 위한 가장 큰 요소입니다."

그의 말처럼 평범한 우리들도 목표를 세워서 꾸준히 그리고 열정적으로 몰입한다면 상상하는 모든 것을 현실로 만들 수 있다.

미래의 당신의 모습은 오늘 하루를 어떻게 보내는가에 따라 달라진다. 故 정주영 명예회장이 우리들에게 남긴 말을 꼭 기억했으면 좋겠다.

"내일을 의지하기보다 오늘을 꼭 붙들라."

지금까지 나는 가난과 실패 속에서 버티어 낸 이야기를 했다. 물론 나보다 더 어려운 환경에서 훌륭하게 살아가고 있는 분들도 많이 있을 것이다. 하지만 나와 같은 보통의 사람이 어떻게 살아왔는지 살펴보고, 그 안에서 당신의 삶이 변화될 수 있는 단서를 찾을 수 있다면 그것만으로도 이 책의 목적은 다 이룬 것이다.

내가 힘든 상황 속에서 버틸 수 있었던 비결은 성공한 사람들의 인생 방정식을 닮아가려고 노력했기 때문이다. 20대 시절, 어디 하나 기댈 곳 없던 내 인생을 지탱해 준 성공의 법칙을 지금부터 여러분과 함께 나누고 싶다. 상처뿐인 청춘의 끝에서 나를 붙들어준 성공 키워드는 약할 때 힘이 되어 주었고, 내가 세상 속에서 당당해질 수 있도록 만들어 주었다. 이 글을 통해 당신의 삶에도 변화가 생겼으면 좋겠다.

2
나에 대한 고정관념을 깨라

"승리자들은 그들의 성취를 자신의 목표와 비교하며,
패배자들은 그들의 성취를 다른 사람의 성취와 비교한다."
— 니도 쿠베인

예전에 어느 실험 결과를 보고 고정관념의 무서움을 알게 된 적이 있다. 벼룩은 보통 60cm 정도 점프가 가능하다고 알려져 있다. 그런데 30cm 높이의 통에 벼룩을 가둔 채로 며칠 있으면 벼룩은 30cm까지만 점프를 하게 된다고 한다. 그 이상으로 점프를 하다 보면 부딪치고 아프기 때문에 더 높이 뛸 생각을 하지 않게 되는 것이다.

또 하나의 사례는 미국 높이뛰기 선수 딕 포스베리의 이야기다. 그는 1968년 멕시코 올림픽에서 최초로 2m 장벽을 넘은 선수로 기록되어 있다. 그동안 세상 사람들은 높이뛰기는 앞으로만 뛰어넘는 것이라는 고정관념을 갖고 있었는데, 그는 앞으로 달려

나가다 등으로 바를 뛰어넘었다. 고정관념을 깬 순간 그는 인간의 한계라고 생각되어온 2m 벽을 넘을 수 있었다.

우리 인생도 마찬가지 아닐까? 세상이 주는 편견과 도전에 얼마나 많이 좌절을 했었나 생각해 보라. 누구나 한번쯤은 경험이 있을 것이다. 가난하다고 좌절하고, 좋은 대학을 가지 못했다고 패배의식에 빠지고, 대기업이 아닌 중소기업에 근무한다고 위축되어 버린 일들을. 이런 고정관념은 자신에게 결코 유리할 게 없다. 싸움은 이기고 시작해야 한다. 이미 마음속으로 자신의 환경을 비관한다면 세상 속에 나아가 절대 승리할 수 없다.

안토니오 그람시는 "이성으로 비관해도 의지로써 낙관하라."라고 말했고, 프랑스 철학자 뤼시앵 골드만은 "한 발은 비루한 현실에 처박혀 있지만 다른 발은 저 너머의 다른 세상으로 초월하려는 것이 인간의 욕망이다."라고 했다. 그리고 어니스트 헤밍웨이는 "직접 해보기 전에는 아무도 자기 안에 어떤 능력이 있는지 알 수 없다."라고 했다.

성경에는 골리앗과 다윗의 싸움에 대한 이야기가 나온다. 다윗은 덩치 큰 골리앗을 깨기 위해서 믿음의 물맷돌을 가지고 도전을 했다. 여기서 믿음은 우리가 바라는 것이 반드시 이루어진다는 확신을 갖는 것을 말한다. 아직은 우리 눈에 보이지 않더라도 언젠가는 우리 앞에 현실이 되어 나타날 것이라는 데 한 치의 의심을 하지 않는 자세를 말한다.

지금부터라도 여러분 앞에 놓인 인생의 장벽과 한계를 '꿈'이라는 무기를 갖고 뛰어넘어보는 것은 어떨까? 나도 아버지가 돌아가시고 집안 형편이 어려워지면서 가난에 힘겨워했고, 사법시험에 실패한 내가 낙오자라 느껴져 고통스러웠다. 첫 직장에 실패했을 때는 누구보다 나의 인생이 꼬여만 간다고 생각했다. 하지만 그럴 때일수록 현실의 벽을 뛰어넘어 길이 열릴 것이라는 장밋빛 청사진을 매일 매일 상상했다. 그리고 역경을 승리로 만들어 내는 인생의 주인공이 될 수 있다고 세상에 선포했다. 꽃은 봉오리일 때는 모르지만 꽃이 활짝 피면 그 진가를 알게 된다. 여러분의 인생도 마찬가지다. 세상의 소리와 결과에 흔들릴 것 같으면 부정적인 이야기에 귀와 눈을 잠시 동안 닫고 있어도 좋다.

험난한 세상 속에서 아무것도 없는 사람이 성공할 수 있는 비결이 무엇인지 아는가? 그것은 바로 어떤 상황 속에서도 나는 할 수 있다는 자신감을 갖는 것이다. 성경에 있는 말씀 중에 내가 가장 좋아하는 구절이 있다.

"믿음은 바라는 것들의 실상이요, 보이지 않은 것들의 증거니라."(히브리서 11:1)

이제부터라도 보이지 않는 것을 믿는 자신감으로 남은 인생을 살아보면 어떨까?

3
행복은 선택할 수 있다

"행복은 하나의 습관이다. 그것을 키워라."
– 엘버트 허버드

당신의 부모님이 상당한 재력가가 아닌 이상 자신보다 잘사는 사람들을 보면 부러워진다. 그리고 나도 그 사람이 누리는 것과 같은 것을 누리며 살고 싶다는 생각을 하게 된다. 하지만 그렇지 못한 현실과 마주하게 되면 낙담하거나 좌절하게 된다. 자신의 삶이 불행하다고 느끼면서 말이다. 나도 그랬었다. 하루는 주변 친구가 과외를 받는 것을 보고 아버지께 영어와 수학 과외를 시켜달라고 졸랐다가 크게 혼났던 적이 있었다. 요즘 말로 자기주도 학습법을 중요하게 여기셨던 아버지는 단과 학원이면 몰라도 과외는 필요 없다고 생각하였다. 물론 과외비가 비싸다는 이유가 가장 컸다. 난생처음 인생에서 상대적 박탈감을 느껴보았다.

남들보다 풍요롭지 못한 가정환경에서 자라다 보면 내가 가진 이상의 것을 가진 친구들을 시기하거나 질투하게 된다. 자신의 부모님을 원망하면서 말이다. 하지만 30대 중반이 된 나는 이제야 알게 되었다. 결핍과 부족이 반드시 불행하지만은 않다는 것을 말이다. 주변을 둘러보면 전문직에 종사하는 부모를 둔 친구들이 그냥저냥 살아가는 모습을 볼 수 있다. 부모들이 모은 돈을 쓰면 된다는 생각이 자녀들을 노력하지 않고 도전하지 않게 만들어 버린 것이다. 흔히들 자식 잘못 키웠다고 후회하는 부모들의 대다수는 이런 과정을 겪는다.

예전에 어느 TV 프로그램을 본 적이 있는데 출연자 한 분이 행복할 수 있는 비결에 대해서 이야기했다. 그는 주어진 인생의 조건에 무조건 감사하는 마음을 가져야 한다고 했다. 조건이 부족하면 채우는 재미를 느끼면서 말이다. 베스트셀러『긍정의 힘』의 저자 조엘 오스틴은 "행복은 자신이 선택할 수 있다."라고 했다. H. 잭슨 브라운 주니어는 "성공이란 당신이 원하는 것을 얻는 것이요, 행복이란 당신이 얻는 것을 좋아하는 것이다."라고 말했다. 부족함 없이 풍요로운 생활을 하면 행복할 것만 같다. 하지만 정작 그런 사람들과 대화를 나누다 보면 하루를 무미건조하고 의미 없이 보내는 경우가 허다하다. 만일 당신의 마음 한편에 불행하다는 마음이 자리 잡고 있다면 앞으로 이렇게 마음가짐을 바꿔 보는 것은 어떨까?

아침에 일어나 출근하는 것이 죽기보다 싫은 사람이 있다면 일할 수 있는 직장이 있다는 것에 감사하는 마음을 가져보자. 취업이 마음처럼 쉽게 되지 않는 청년들이 있다면 지금 이 순간을 잘 극복해서 자신의 실패와 성공담을 후배들에게 전하는 메신저가 되어 보겠다는 마음을 가져보자. 대기업에 다니는 친구들이 부러운 사람이라면 중소기업을 키워 나가는 재미를 느끼고 다양한 일을 경험해 볼 수 있다는 점에 감사해 보자. 출퇴근 지하철이 지옥철이어서 짜증이 난다면 걸어 다닐 수 있는 두 다리와 건강한 몸에 감사한 마음을 가져보자.

우리들은 살면서 다양한 선택을 한다. '하고 싶은 것'과 '해야 하는 것' 사이에서 고민하는 것처럼 말이다. 인생은 B(birth)와 D(death) 사이에 있는 C(choice)라고 한다. 태어나서 죽는 순간까지 선택의 연속 가운데에서 살아가는 우리 모습을 단적으로 표현한 말이다.

인간은 마음을 컨트롤할 수 있는 능력을 갖고 있다. 신이 인간에게 주신 가장 훌륭한 능력은 바로 마음을 다스릴 수 있는 능력이다. 절대 불행이 당신을 선택하도록 내버려 두지 말자. 당신은 스스로 행복을 선택할 수 있다. 당신의 하루가 즐거울지 또는 고통스러울지는 당신에게 주어진 삶의 조건들에 감사함을 느끼고 사는지에 따라 달려있는 것이다.

4
열정이 나를 뛰게 하라

"언제나 당신이 할 수 있다고 보는 것보다 높게 꿈꾸고 바라보라.
단지 동기나 전임자보다 낫도록 신경 쓰는 것이 아닌,
현재의 자신보다 더 나은 사람이 되도록 노력하라."
– 윌리엄 포크너

얼마 전에 회사에서 있었던 일이다. 평소 자기계발을 열심히 하고 주중에 이틀 정도는 점심시간이나 퇴근시간에 회사 근처의 대형서점을 들러 책을 읽는 모습을 본 입사 동기가 나한테 물어본 적이 있다.

"형은 왜 그렇게 열심히 살아?"

그때 나는 당연하다는 듯이 대답했다.

"새로운 지식을 쌓는 일이 즐겁고, 오늘보다 내일의 모습이 기대가 되고 설레기 때문에 열심히 살아."

그 친구는 5년 차 직장인에게 아직도 그런 열정이 남아 있다는 게 정말 부럽다고 했다. 사실 여의도 직장인들을 비롯해서 대한민국의 대부분의 직장인들은 일에 치여 살아간다. 그래서 퇴근후에 직장 동료들과 맥주와 치킨을 먹으면서 자신의 신세를 한탄하거나 직장 상사 흉을 보거나 불안한 미래를 걱정하며 하루하루를 보낸다. 하지만 어떤 사람은 인생의 주인공이 되어 미래의 청사진을 그려놓고 하루를 살더라도 보람차고 의미 있게 보낸다. 그들은 누군가의 생각과 행동을 변화시키는 긍정의 아이콘으로, 그리고 청춘 멘토로 살아가고 있다.

후자의 사람을 대표하는 사람이 누구일까? 나는 주저함 없이 구글의 김태원을 손꼽는다. 그는 『죽은 열정에게 보내는 젊은 구글러의 편지』로 일약 대한민국 청춘 멘토로 자리매김했다. 그의 열정을 단적으로 보여주는 일화가 있다. 그는 상상 속에서라도 만나고 싶었던 『맨큐경제학』의 저자이자 하버드의 교수인 맨큐와 세계적인 언어학자이자 MIT의 교수인 촘스키에게 만나고 싶다는 내용을 영문 이메일로 보냈다. 물론 두 분의 스케줄이 너무 바빠서 만나지는 못했지만 만나려는 시도를 해 보았다는 점에서 그 열정의 온도가 '나와는 사뭇 다르구나' 하는 생각을 했었다.

물론 저명한 교수에게 이메일을 보낸 일을 대단하다는 것이 아니다. 자신이 닮고 싶은 사람을 멘토로 정해서 만남을 시도해 볼 정도의 열정이야말로 우리들이 배워야 하는 것이 아닐까 생각한다. 그는 흔들리는 청춘에게 멘토가 되어 불안한 미래를 함께 고민하고 소통하면서 현재는 대통령 직속 청년위원회 위원으로도 활동하고 있다.

열정의 온도는 나이의 많고 적음과도 상관이 없다는 것을 보여주는 사람이 있다. 따뜻한 화풍을 그리는 할머니 화가로 유명한 엠마 스턴이 바로 그런 사람이다. 그녀는 일흔한 살의 나이에 그림을 배우기 시작했다. 보통의 사람들은 일흔한 살의 할머니가 그림을 그린다면 이제 여생을 편하게 즐기면서 살지 왜 사서 고생을 하냐고 했을 것이다. 하지만 엠마 스턴은 가족들의 반대를 무릅쓰고 자신이 그토록 하고 싶었던 화가가 되기 위해서 온 열정을 쏟아부었다. 결과는 모두가 예상하는 대로다. 그녀는 회화계에서 입지를 다지며 팔순이 되는 나이에 개인전까지 여는 유명한 화가가 되었다.

우리들은 매 순간 선택을 한다. 미래는 현재 우리가 하는 선택에 따라 달라진다. 그렇기 때문에 지금 이 순간의 생각과 열정의 차이는 앞으로 당신의 미래를 어떻게 바꾸어 놓을지는 아무도 알수 없다. 자기계발의 대가로 불리는 이들도 열정을 다른 어떤 것보다 중요하게 생각했다. 앤서니 라빈스는 "천재성은 열정으로부터 발생한다."라고 했고, 데일 카네기는 "열정적으로 행동하라.

그러면 당신은 열정적인 사람이 될 것이다."라고 말했다. 그리고 랄프 에머슨은 "열정은 노력의 어머니로 어떤 위대한 일도 열정 없이 이뤄지지 않는다."라고 하면서 성공을 위해서는 열정이 있어야 한다고 강조했다.

열정의 크기는 차이를 만든다. 열정이 없는 사람은 바람 부는 대로 흔들리며 살아가지만 뜨거운 열정 덩어리를 가슴속에 안고 살아가는 사람은 언젠가는 세상을 바꾸는 성공자로 우뚝 서게 된다. 왜냐하면 열정은 마음을 움직이는 힘이고 우리를 살아가게 하는 생존 본능이기 때문이다.

자, 그렇다면 지금 이 순간 당신의 열정은 몇 ℃인가요?

5
꿈은 포기하지 않으면
배신하지 않는다

"당신은 자신이 생각하는 것보다 큰 사람이다.
내면에 깃들어 있는 꿈을 믿고 담대하게 나아가라.
인생은 믿는 대로 이루어진다."
– 김태광

여러분의 꿈은 무엇인가? 얼마 전, 신문기사에 경기가 어렵고 직장에서 명예퇴직을 하는 사람들이 늘면서 청년들이 교사나 공무원과 같이 안정된 직업을 선호한다는 글을 본 적이 있다. 물론 교사나 공무원이 나쁘다는 의미는 아니다. 다만 자신의 꿈을 단순히 안정성이라는 측면만 고려해서 획일적으로 정하는 인생이 그렇게 바람직해 보이지 않는다는 것을 말하고 싶다. 청소년을 우리나라를 이끌어갈 재목으로 만들겠다는 사명감이 있는 사람, 국민을 내 몸과 같이 섬기며 한평생 봉사자로 살아갈 자신이 있는 사람. 이런 사람이 교사와 공무원이 되어야 한다. 만일 당신이 그렇지 못하다면 그것은 꿈이라기보다 세상이 주는 달콤한 유혹에 나를 내던지는 것으로밖에 보이지 않는다.

앨빈 토플러는 "젊음은 꿈을 위해 뭔가를 저지르는 것. 낯선 곳을 향한 도전은 꿈이 확고해서일 수도 진짜 꿈을 찾기 위해서일 수도 있다."라고 말했다. 꿈이 있는 젊음은 그래서 생명력이 있고, 실패가 실패로 보이지 않는 것이다.

그러면 꿈을 이룰 수 있는 구체적인 방법은 무엇일까? 그것은 바로 성공한 모습을 생생하게 꿈꾸고, 내일을 기대하는 것이다. 만화가 스콧 애덤스는 "목표를 기록으로 남기면 구체적인 결과가 다가온다."라고 했다. 그리고 『종이 위의 기적, 쓰면 이루어진다』의 저자 헨리에트 앤 클라우드는 "목표를 기록하면 반드시 이루어진다."라고 했다. 물론 중간에 실패할 수도 있지만 이것은 단지 결과가 나타나는 것이 지연될 뿐이라는 것이다.

여러분도 위의 저자들이 말한 대로 한번 실천해 보면 분명 꿈이 있는 삶을 살 수 있을 것이다. 자신을 신뢰하고 이루고자 하는 내용을 메모지에 써보는 일부터 시작해 보자. 그리고 매일 아침, 저녁으로 메모지를 보고 암기하며 성공한 나의 모습을 생생하게 꿈꾸고 기대해 보자. 그러면 자신도 모르는 사이에 꿈을 이루고 기뻐하는 자신을 발견하게 될 것이다.

알리바바의 창업자인 마윈 회장은 "사람은 물을 마시지 않고 열흘을 이겨낼 수 있고, 음식을 먹지 않고 일주일을 견딜 수 있고, 숨을 쉬지 않고 2분을 버틸 수 있다고 했다. 하지만 꿈이 없다면 단 1분도 살 수 없다."라고 말했다. 가난보다 무서운 것은 꿈이 없는 삶이다. 꿈은 미래의 희망이기 때문에 꿈을 향한 도전을 멈춰서는 안 된다. 성공하고 싶다면 오늘부터라도 자신의 잠재력을 끌어내서 꿈을 향해 꾸준히 걸어가자. 내가 꿈을 포기하지 않으면, 꿈도 나를 배신하지 않는다.

나는 돈이 없어서 갈 곳이 없는 날에는 도서관이나 대형서점에서 대부분의 시간을 보냈다. 누가 나에게 알려주지 않았지만 성공한 사람의 발자취를 따라가 보면서 그들처럼 세상 속에서 우뚝 서는 나의 모습을 상상했다. 점심과 저녁을 동시에 해결할 수 있는 시간을 택해서 식사를 하면서도 전혀 초라하다고 느끼지 않았다. 왜냐하면 꿈이 있었고 오늘보다 내일이 더 찬란하게 빛날 것이라는 기대감이 있었기 때문이다.

6
당신의 경쟁자는 누구인가요?

"나는 어제의 나와 경쟁한다. 나의 유일한 경쟁자는 어제의 나다."
– 발레리나 강수진, 『나는 내일을 기다리지 않는다』 中

학창 시절 우리 반에는 한영외고에서 전학을 온 친구가 있었다. 워낙 교우관계도 좋고 공부도 잘해서 우리들 사이에서 인기가 많았다. 나는 실력은 부족했지만 그 친구를 경쟁자로 삼고 공부를 했었다. 물론 한 번도 이기지는 못했다. 그렇지만 나태해지거나 게으름을 피우고 싶을 때 자극제가 되어 주었다. 인생은 경주마처럼 앞만 보고 달려갈 수 없다. 때로는 옆에 있는 사람도 보면서 내가 부족하고 보완이 필요한 부분은 배워야 발전을 한다. 치열한 경쟁을 뚫고 취업에 성공해도 회사에서 직장 동료들과 승진을 놓고 또다시 경쟁을 벌여야만 한다.

나는 입사 후 얼마 되지 않아 옆의 동료들을 경쟁자로 보지 않기로 마음먹었다. 왜냐하면 인생을 길게 놓고 보았을 때 회사에서 진급을 놓고 경쟁하는 삶이 그렇게 답답해 보일 수 없었다. 몸과 마음을 쉽게 지치고 피로하게 만들 것만 같았다. 그래서 나의 자극제가 되어 줄 경쟁자를 세계에서 찾아보았다. 그리고 크게 성품과 열정, 그리고 전문성으로 대표되는 나만의 경쟁자를 찾았다. 그리고 그들과 관련된 책을 읽으며 나를 한 단계 도약시켜주는 원동력으로 삼고 있다. 그들은 LA다저스의 투수 '클레이튼 커쇼'와 글로벌 기업인 구글에서 근무하는 '구글러(Googler)', 그리고 세계 최고의 컨설팅 회사에서 근무하는 '맥킨지 컨설턴트'이다.

먼저 클레이튼 커쇼는 미국 사람들이 가장 사랑하는 현역 최고의 투수 중 한 명이다. 그는 '주님의 선발투수'라는 별명을 갖고 있을 정도로 독실한 크리스천으로 알려져 있다. 실력과 인성을 겸비한 그는 누구라도 함께하고 싶은 사람이라고 한다. 우리나라의 류현진 선수도 커쇼를 자기가 닮고 싶은 선수로 꼽는 데 주저함이 없었다. 커쇼는 흔히 성공한 사람들이 좋은 차, 좋은 집, 자신을 치장하는 명품 등에 빠지는 것과 달리 자신이 이룬 꿈을 남들과 나누는 아름다운 삶을 선택했다. 야구 시즌이 끝나면 커쇼 부부는 극심한 가난을 겪고 있는 아프리카로 가서 빈곤에 허덕이는 아이들을 구제하는 일에 앞장서고 있다.

그는 나만 잘살겠다는 요즘 20대 청년들과 다르게 공 한 개를 던지면서 희망도 함께 전하고 있다. 하나님을 믿는 그는 기부와 봉사활동을 통해 말이 아닌 행동으로 기독교 신앙을 전하고 있다. 기독교를 믿지 않는 사람들이 커쇼만큼은 마음을 열고 존경하는 이유가 여기에 있다. 우리 주변에는 잘나고 똑똑한 사람들이 많이 있다. 하지만 잘나고 똑똑하고 인성을 갖춘 사람은 찾아보기 힘들다. 그래서 그런 사람들이 더 귀하게 다가오는 것이다. 나는 다른 누군가를 닮아갈 수 있는 기회를 준다면 주저함 없이 클레이튼 커쇼라고 답할 것이다.

두 번째 경쟁 상대는 국내 대학생들이 가장 취업하고 싶어 하는 글로벌 기업 「구글」에 근무하는 구글러(Googler)이다. 구글은 웹 검색, 광고 등을 주력 사업으로 하는 회사이고 전 세계 인터넷 검색의 70%를 장악한 것으로 알려졌다. 대표적인 구글의 철학은 "악해지지 않고도 돈을 벌 수 있다.", "일은 도전이어야 하고 도전은 재미가 있어야 한다." 등이 있다. 세계 최고의 기업 '구글'을 경쟁자로 삼은 이유는 발전 가능성이 무궁무진하고 새로운 것을 향해 발전하는 속도가 빨라서 열정적으로 보였기 때문이다. 구글은 구글리(Googley)한 인재를 선호한다고 한다.

구글의 김태원은 『죽은 열정에게 보내는 젊은 구글러의 편지』에서 구글리(Googley)하다는 것을 다음과 같이 정의하고 있다.

"상하가 없는 평등한 조직에서 팀을 이루어서 일할 수 있고, 급격히 변화하는 환경에 재빨리 대응할 수 있는 능력을 갖춘 것."

내가 근무하는 회사가 세계적인 기업으로 성장하기 위해서는 누구나 예상할 수 있는 동종 업계를 경쟁상대로 삼을 것이 아니라 구글과 같이 세상의 변화에 민감하게 반응할 줄 아는 회사와 경쟁해야 한다고 생각한다. 물론 나부터 그래야겠지만 말이다.

마지막으로 세계적인 컨설팅회사 '맥킨지'에 근무하고 있는 컨설턴트가 나의 경쟁자이다. 사실 경쟁자라고 표현했지만 롤모델로 보는 게 더 정확하다. '미국 TOP MBA 출신들이 입사하고 싶은 회사', '세계 최고의 CEO 양성소' 등 화려한 수식어만큼이나 맥킨지는 최고의 인재들로 넘쳐나는 곳이다.

맥킨지에 관심을 갖게 된 것은 회사에서 법무와 기획을 담당하면서 분석적인 사고와 구조화된 글쓰기 능력의 필요성을 절감하면서부터이다. 그래서 맥킨지 컨설턴트의 채용과정이나 보고서 작성법 등 관련 서적을 찾아서 읽어 보기 시작했는데 번득이는 창의적 사고와 고객에게 최적의 비즈니스 전략을 제공하여 의사결정을 내리도록 하는 과정이 인상적이었다.

다른 누군가에게 나의 경험과 생각을 전달하여 긍정적인 영향력을 발휘하는 것은 평소 내가 꿈꾸던 모습인데, 맥킨지 전략 컨설턴트는 그와 같은 역할을 하고 있다. 신입사원 시절, 회사 내부에서 맥킨지 컨설턴트와 같이 사고하고 글 쓰는 방법에 대해 교육받은 적이 있다. 그전까지는 크게 생각해 본 적이 없었는데 분석적으로 사고하고 중복과 누락 없이 글을 쓰는 능력은 기획과 법무를 담당하고 있는 내게 꼭 필요한 능력이라는 생각이 들었다.

우리들은 흔히 눈에 보이는 상대만 경쟁자라고 생각하는 경향이 있다. 하지만 눈을 들어 세계를 향해 바라보면 당신의 활동 무대가 넓다는 것을 금세 알 수 있다. 지금도 늦지 않았다. 당신의 두 눈을 세계를 향해 두고, 당신의 두 손과 발을 바쁘게 움직이며 청춘의 순간을 즐겨보는 건 어떨까?

7

인생은 실패할 때가 아니라
포기할 때 끝난다

"당신이 몇 번의 실패를 했다고 낙담하지 말라.
에디슨은 전구를 만들기 전에 1만 번 실패했다."
– 나폴레온 힐

흔히 우리들이 하는 오류 중의 하나는 성공한 사람들은 단 한 번의 실패도 없었을 것이라는 생각이다. 하지만 사실은 그렇지 않은 경우가 더 많다. 그렇다면 성공한 사람들은 어떻게 실패를 극복하였을까? "성공은 1%의 영감과 99%의 노력으로 이루어진다."라는 말의 주인공 에디슨의 이야기를 들어보자. 발명왕 에디슨은 10년간 축전지를 개발하면서 1만 번의 실패를 반복했지만, 그는 실패할 때마다 이렇게 생각했다고 한다.

"나는 오늘 실패한 것이 아니라 축전지가 만들어지지 않는 새로운 방법을 발견했다."

그는 실패 속에서도 포기할 줄 몰랐고, 실패가 성공을 위한 과정임을 당연하게 받아들였다. 실패를 경험하면 인간인 이상 견디기 힘든 좌절과 고통에 빠진다. 더군다나 많은 노력과 시간을 투자한 경우라면 더욱 그렇다.

나의 20대 초·중반은 실패의 연속이었다. 횟수로 7년간 사법시험을 준비했던 나는 결국 검사의 꿈을 이루지 못하고 늦은 나이에 군 입대를 할 수밖에 없었다. 이 정도면 인생을 스쳐가는 작은 실패가 아니라 인생이 뒤바뀔 정도의 커다란 실패인 것이다. 그래서 그 당시 나는 세상을 향해 일어설 힘과 의지를 모두 잃어버렸다. 7년간의 노력이 무의미하게 느껴졌고, 아무것도 할 수 없는 사람이라는 패배감이 끊임없이 나를 괴롭혔다.

하지만 그때 문득 그동안 읽었던 책들이 떠올랐다. 위인들이 나와 같은 상황이었으면 실패 앞에서 어떻게 행동했을까? 대답은 너무도 명확했다. '그럼에도 불구하고' 무조건 이겨내고 앞으로 나가는 것이다. 평소에 내가 좋아하는 말이 있다.

"내가 끝났다고 할 때까지 결코 끝나지 않는다."

우리들은 목표를 정해서 몇 번 도전해 본 후 힘에 부치거나 어렵다고 느끼면 쉽게 바꾸거나 포기한다. 어떤 사람은 변명을 하며 자신의 실패를 실수라고 합리화하기도 한다. 하지만 성공하기 위해서는 실패를 성공으로 도약하기 위한 디딤돌로 삼을 줄 알아야 한다. 실패라는 결과에 집착하는 것이 아니라 실패 이면에 숨겨진 가치에 대해서 관심을 가져보자. 눈물 젖은 빵을 먹어 본 사람만이 성공할 수 있다는 이야기가 있듯이 실패를 경험해 본 사람일수록 성공할 가능성이 많다.

혹시 이 글을 읽고 있는 당신이 실패 앞에서 무기력했던 존재였다면 앞으로는 실패를 지렛대로 삼아서 성공을 향해 나아가 보는 것은 어떨까?

8
이 또한 지나가리라

"인내를 하룻밤 사이에 얻을 수는 없다.
그것은 근육을 키우는 것과 같다. 매일 계속해야 할 필요가 있다."

– 에크낫 이스워런

잠시 취업이 되지 않는다고 실망하고 있는가? 명문대학을 졸업하지 않은 것이 열등감이 되어 매일 패배의식 속에 살고 있는가? 부자 부모를 두지 않아서 평생 가난 속에 살게 될 것이라고 스스로 규정짓고 있지 않은가? 고된 삶에 지친 여러분에게 시 한 편을 소개하려고 한다. 위로받고 싶을 때 우리들은 가까운 친구나 사랑하는 가족으로부터 위로를 받고 또 힘을 얻는다. 하지만 나는 친구나 가족이 아닌 내면의 힘을 강하고 담대하게 세워주는 시를 통해서 힘든 순간을 이겨냈다. 랜터 윌슨 스미스의 〈이것 또한 지나가리라〉가 그중 하나이다.

슬픔이 그대의 삶에 밀려와 마음을 흔들고

소중한 것들을 쓸어가 버릴 때면
그대의 가슴에 대고 다만 말하라.

이것 또한 지나가리라.

행운이 그대에게 미소 짓고
기쁨과 환희로 가득할 때
근심 없는 날들이 스쳐갈 때면
세속적인 것들에만 의존하지 않도록
이 진실을 조용히 가슴에 새기라.

이것 또한 지나가리라.

이 시는 지친 삶에서 위로받고 싶을 때 그 진가를 발휘한다. 마라톤과 같은 긴 인생에서 슬픔과 좌절, 기쁨과 행복이 찾아올 때 그것이 영원하지 않다는 것을 기억하고 담담한 자세로 현재를 살아가라는 고백. 그것은 인생의 깊이를 느껴본 사람이 아니면 절대 이야기할 수 없는 내용들이다. 늦은 나이에 군 생활을 했던 나는 2년 남짓한 시간들이 다른 사람보다 갑절로 힘들게 느껴졌다. 하지만 힘들 때마다 마음속으로 '이 또한 지나가리라.'를 새겼더니 금세 평안한 마음을 누릴 수 있었다. 그리고 지금 여러분 앞에서 힘든 시간을 이겨냈다고 자랑스럽게 말할 수 있게 되었다.

현재의 고통만큼이나 잊기 힘든 게 과거의 실패나 좌절의 경험이다. 흔히들 마음의 상처라고 부르는 그것 말이다. 그래서 과거의 아픔을 견디고 지금 이 순간을 즐기며 환상적인 미래를 꿈꾸는 것이야말로 진짜 승리자의 모습인지도 모른다. 내 인생이 밟고 지나간 것들이라면 아무리 힘든 기억도 추억이 될 수 있다. 마음의 여유를 갖고 고통과 좌절의 순간을 바라보아야 하는 이유이다. 추억은 자신이 원하는 모습대로 조작하여 만들어낼 수 없다. 그러니까 있는 그대로의 모습을 받아들이고 인정하자. 내 삶에 고스란히 저장될 때는 지독히 힘들지만 재생되어 나올 때는 아름답게 느껴질 것이다. 그래서 누군가 지나간 추억은 애틋하다고 했던 것 같다.

혹시 지금 당신의 삶이 고통스러워 마음을 다스리기 어렵다면 그것은 자신이 처한 환경에만 집중하고 있기 때문이다. 이럴 때는 다른 사람들이 어떤 실패와 좌절을 겪었고, 그 가운데서 어떻게 역경을 극복했는지에 대해 관심을 가져보는 것도 방법이다.

팔다리 없이 태어난 호주 청년이 있었다. 그는 8세 이후 세 번이나 자살을 시도하려고 했다. 하지만 그는 절망을 희망으로, 실패를 기회로, 한계를 비전으로 만들어냈다. 그는 장애라는 한계를 극복한 경험을 자살하려던 청소년들에게 전하며 그들의 마음을 위로해 주고 있다. 희망의 전도사가 된 그는 전 세계를 누비며 우리들에게 세상을 향해 위대한 비전을 선포하라고 외친다. 이 이야기의 주인공은 '닉 부이치치'이다. 한국에서는 2008년 MBC 최윤영의 〈W〉라는 프로그램을 통해 처음 소개되어 우리들에게 많은 도전을 준 바 있다.

닉 부이치치는 자신의 저서 『허그』에서 다음과 같이 이야기한다.

"난관에 부닥쳐도 포기하지 말라. 도망치지 말라. 상황을 정확하게 헤아리고, 해결책을 찾아보고, 무슨 일이든 협력해서 선을 이루게 된다는 말씀을 굳게 믿으라. 씨앗을 심은 뒤에는 폭풍우를 견뎌가며 추수 때까지 끈질기게 기다려야 한다. 장애물을 만나더라도 어리석은 짓을 하지 않도록 조심하라. 무작정 덤벼들지 말라. 한번 실패했다고 뜻을 꺾지 말라. 모든 시련에는 뜻이 있음을 믿고 최상의 해결책을 찾으라."

평탄하고 쉬운 인생이 최고인 줄 아는 청년들이 있을지 모르겠지만 요행이나 누군가의 도움에 의지해 살아가는 인생은 절대 행복할 수 없고 생명력도 없다. 그것은 축복이 아니라 차라리 저주에 가깝다. 그러니까 부러워하는 마음을 버리고 자신의 힘으로 일어나 묵묵히 걸어가는 용기를 내 보자. 누구도 나를 지켜줄 수 없다는 사실을 기억했으면 좋겠다.

CHAPTER 5

누가 뭐래도
네가 가는 길이
맞다고 생각해

1
열등감은
성공을 위한 지렛대가 될 수 있다

"낮은 자존감은 계속 브레이크를 밟으며 운전하는 것과 같다."
— 맥스웰 말츠

열등감과 열정은 한 글자 차이에 불과하지만 열등감을 갖고 살아가는 사람과 열정을 갖고 사는 사람은 인생에서 보여주는 결과가 확연히 다르다. 잘만 활용하면 열등감은 당신에게 날 수 있는 날개가 되어 준다.

과거에 잠시나마 한심한 생각을 한 적이 있다. 대한민국에서 공부를 잘해서 좋은 대학을 졸업하고 좋은 회사에 다녀도 결국 집안이 부유하지 못하면 평범하게 살아갈 수밖에 없다는 열등감에 사로잡혀 있었던 것이다. 돈과 권력을 부여잡고 있는 기득권층의 자녀들의 벽이 너무 견고해서 내가 뛰어넘을 수 없을 것만 같았다.

최근 복잡해진 입시제도가 경제적으로 부유한 부모를 만난 학생들에게 유리해지고 있다고 한다. 더 이상 개천에서 용이 날 수 없다며 여기저기서 한숨 섞인 자조의 소리가 들린다. 그런데 더 나가 대학을 졸업하고 취업을 위한 스펙 쌓기도 부모의 배경이 큰 역할을 한다. 회사가 인턴을 채용하는 데 부모의 직업을 보는 것은 공공연한 사실이다. 인턴도 부모의 스펙에 따라 그 합격 여부가 갈린다고 한다.

　　내가 사법시험 공부를 할 당시만 해도 가난한 집 자녀도 판·검사나 변호사가 되는 경우가 많이 있었다. 하지만 지금은 연간 학비만 수천만 원이나 하는 로스쿨에 돈 많은 자제들이 몰리고 있다. 부모의 배경이 사회 곳곳에서 작용하는 모습은 나 같은 보통의 사람들에게 좌절감을 줄 때가 있다. 이렇게 생각하는 것이 비단 나만은 아닐 것이다.

　　며칠 전에 한 후배를 만나서 식사를 한 적이 있다. 그 친구는 흔히 고등학교 때 잘나가던(?) 친구였다. 물론 주변 친구들도 사람 좋아하고 술 좋아하기로 유명했다고 한다. 그런데 고등학교 졸업 후 사회생활을 시작하면서 잘사는 친구들과 자신들의 격차가 벌어지는 것을 보면서 세상을 원망하고 비관하고 있다는 이야기를 하였다. 물론 그들이 학창 시절 공부를 등한시하고 친구들과 몰려다니면서 시간을 허비한 것은 맞다. 하지만 부자 친구도 방탕하게 사는 경우가 많은데 왜 자신들은 하루 벌어 하루 살아야 하고, 부모 잘 만난 친구는 일하지 않아도 해외여행 다니면서 돈 쓰는 재미로 사느냐는 것이 불만의 주요 내용이었다.

부끄럽게도 후배의 친구들 정도는 아니지만 뒤늦게 찾아온 사춘기를 겪으면서 나도 똑같은 생각을 한 적이 있다. '내가 아무리 발버둥 쳐도 저들을 이길 수 있을까? 그들은 비싼 옷을 입고, 주말마다 외제차를 몰고 데이트를 다니고, 부자 부모를 둔 덕분에 돈 걱정하지 않고 생활하고 있지 않은가?' 그런데 나는 나이 27살에 군대를 가야 했고, 외출할 옷이 없어서 동생 옷을 빌려 입어야 했다. 그리고 부끄럽게도 동생한테 한 달에 용돈 15만 원을 받아쓰고 있었다. 현실이 절망스러웠고 열등감에 삶이 지쳐가고 있었다.

삶의 조건은 우리들이 마음먹는다고 해서 쉽게 바꿀 수 있는 게 아니다. 부자 부모를 선택해서 태어날 수 있으면 모두들 삼성가의 자녀들로 태어나겠다고 할 것이다. 권력을 가진 부모를 선택할 수 있다면 대통령이나 장관의 자제로 태어나겠다고 서로들 다툴 것이다. 하지만 우리들의 삶의 조건은 태어나는 순간 결정되어 그렇게 쉽게 변하지 않는다. 그렇다면 어떻게 해야 절망스러운 삶의 조건을 변화시킬 수 있을까?

그 해답은 자신이 갖고 있다. 외부 조건은 바꿀 수 없지만 자신의 생각과 행동은 쉽게 변화시킬 수 있다. 자신에게 주어진 삶의 조건들이 고난이라고 느껴지더라도 '그럼에도 불구하고' 이겨내 보겠다고 생각을 해보자. 그리고 그런 생각을 행동으로 옮기려고 부단히 노력해 보라. 당신에게 주어진 삶의 조건들을 뛰어넘을 수 있을 것이다.

반기문 UN 사무총장의 어린 시절 이야기를 잠깐 들어보자. 그는 시골의 어려운 가정에서 태어났지만 끊임없는 자기 노력을 통해 결국에는 UN 사무총장의 자리에 오른 입지전적 인물이다. 가정 형편이 어렵다 보니 어린 시절 그 나이 또래의 친구들이 관심을 갖는 것에는 신경을 쓰지 않았다고 한다. 여자 친구를 사귀는 것이나 운동이나 취미생활을 하는 것과 같이 누구나 한번쯤 경험해 본 일들이 그에게는 사치였고, 시간낭비로 느껴졌던 것이다. 대신 그는 교과서를 친구 삼아 공부에 매달렸다. 『조용한 열정, 반기문』에서 반 총장의 40년 지기 친구인 경희대 영문과 안영수 교수는 이렇게 회상했다.

"콤플렉스란 것이 동전의 양면과 같은 거예요. 반 총장은 우리보다 못한 재능을 가진 사람들이 50걸음, 100걸음 앞에서 출발하는 것을 맥없이 지켜봐야 했죠. 어쩌면 콤플렉스, 평생을 따라다닌 시골 출신이라는 자괴감이 오히려 앞으로 밀고 나가게 한

원동력이 아니었나 생각해요."

불굴의 의지로 성공 신화를 써내려간 이야기는 또 있다. 2012
년 런던 올림픽 도마에서 금메달을 딴 '도마의 신' 양학선 선수를
기억하는가? 그는 160cm의 키와 51kg이라는 평균 남자에 비해
왜소한 체격을 갖고 있었다. 그뿐만 아니라 여름과 겨울에는 더
위와 추위를 견디며 가족들과 비닐하우스에서 라면만 먹으며 생
활하였다고 한다. 하지만 그의 가슴 깊은 곳에는 한 가지 꿈이 있
었다. 그것은 바로 어려운 가정환경을 극복해서 한평생 비닐하우
스에 살아온 부모님께 번듯한 집 한 채를 사드리는 것이었다. 결
국 그는 역경을 이겨내고 금메달의 주인공이 되었다. 물론 소망
대로 현재 그의 부모님은 비닐하우스 대신 새집에 살고 있다.

양학선 선수의 이야기는 부족한 삶의 조건이 불편할 수는 있지
만 결코 좌절하거나 실패의 이유가 될 수 없음을 보여준다. 이 글
을 읽고 있는 청년들 중에 혹시라도 자신이 환경을 좌절에 대한
변명의 수단으로 삼고 있지 않는지 곰곰이 생각해 보았으면 한다.

나는 열정만큼이나 열등감도 많았던 사람이다. 먼저 직장생활
을 하고 있던 동생은 여의도 금융가에 근무하는 사람들 중에는
부유한 집 자식들이 많다고 했다. 특히 증권사나 은행 같은 경우
는 부모님이나 친인척 또는 지인들이 계좌를 개설해 줄 수 있는

지로 그 사람을 판단한다고 했다. 한 번은 어느 대기업 최종면접을 갔을 때 경험했던 일이다. 당시 나는 대표님과 임원들 앞에서 긴장도 되었지만 최종면접까지 올라간 내가 자랑스러웠다. 그런데 이어지는 대표님의 질문 내용에 당황하고 말았다.

"지원자의 부모님 직업이 무엇인지 돌아가면서 이야기해주세요."

그 순간 나는 머릿속이 백지가 되어 버렸다. 너무나 당연하게 내 앞의 지원자들은 "저희 아버지는 ㅁㅁ대학의 교수님이십니다.", "저희 아버지는 ㅇㅇ로펌에서 변호사로 근무 중이십니다.", "저의 부모님은 두 분 모두 △△병원의 의사이십니다."라고 이야기를 하는 것이었다. 그런데 나는 아버지는 돌아가셔서 안 계시고, 어머니는 조그만 가게를 운영하셨기 때문에 앞의 지원자처럼 흔히 말해서 '뽀대나게' 이야기할 상황은 안 되었다. 그때 머릿속으로 어떤 답변을 해야 할까 고민이 되었다. 그러던 중 답변 차례가 돌아왔다. 그런데 나의 입에서는 뜻밖의 이야기가 흘러나왔다.

"아버지는 간암으로 제가 23살 때 돌아가셨고, 어머니는 조그마한 가게를 운영하고 계십니다. 저는 어머니를 세상에서 제일 존경합니다."

그 순간 면접장의 분위기는 정적에 휩싸였다. 면접관도 당황했던 것은 물론이다. 며칠 뒤 합격자 발표가 있었는데 보통 최종 면접에서는 떨어지지 않는다고 하는데 합격자 명단에 나의 이름만 없었다. 불합격 이유가 궁금하던 차에 회사 담당자로부터 전화를 받았다. 대표님은 내가 회사와 맞지 않는다고 판단하셨다고 한다. 그런데 아직도 잘 모르겠다. 회사와 맞지 않다는 것이 무슨 의미인지.

그 일을 계기로 동생의 말처럼 주변에는 흔히 잘나가는 부모를 둔 사람들이 많다는 것을 알게 되었다. 하지만 나는 불합격에 좌절하지 않았다. 왜냐하면 '그럼에도 불구하고' 실력과 노력으로 보란 듯이 성공을 하겠다고 애초부터 다짐했기 때문이다. 차라리 그런 회사라면 합격하지 않은 것이 축복이라고 생각했다. 이런 마음가짐 때문이었는지 모르겠지만 다행히 나는 여의도 직장인으로 생활하며 그때 나를 불합격시켰던 회사보다 훨씬 많은 연봉을 받으며 일하고 있다.

"기록된바 하나님이 자기를 사랑하는 자들을 위하여 예비하신 모든 것은 눈으로 보지 못하고 귀로 듣지 못하고 사람의 마음으로 생각하지도 못하였다 함과 같으니라." (고린도전서 2:9)

사람의 능력은 무한하다. 여러분의 능력도 무궁무진하다. 열등감에 좌절하기보다는 세상을 향해 독한 오기를 품어보자. 열등감을 지렛대 삼아 세상을 들어 올리겠다는 그런 오기 말이다. 세상이 주는 열등감이 아니라 내면에서 우러나는 열정으로 인생의 주인공이 되어 보는 건 어떨까.

2
자기의 타이밍을 기다리며
담담히 노력하자

"당신이 하는 것이 하나의 차이를 만들어 낼 수 있는 것처럼 행동하라.
그것은 실제로 그렇게 된다."

– 윌리엄 제임스

고3 수험생활을 할 때 어떤 친구가 "오늘 걷지 않으면 내일은 뛰어야 한다."라고 말했던 적이 있다. 대한민국 모든 청소년들은 대입 수능 날에 최고의 컨디션과 실력을 발휘하기 위해 준비를 한다. 물론 공부 범위가 과목별로 한정이 되어 있기 때문에(적어도 내 생각은 그렇다) 정해진 공부 범위에서 최대한의 양을 달성한 자가 결국 성적이 좋을 수밖에 없다. 그래서 오늘 목표한 양을 채우지 못하면 내일은 두 배로 공부해야 남들에게 뒤지지 않는다.

그런데 이는 학창 시절에만 해당되는 이야기가 아니다. 취업 준비를 하면서 우리들은 단 한 번의 기회를 잡기 위해서 각종 스펙을 쌓으며 힘든 시간을 보내고 있기 때문이다. 20대 후반에 시작해서 50대 중반까지 인생의 대부분을 보내야 하는 직장을 아무렇게나 선택해서 들어갈 수도 없다. 물론 내가 말하는 좋은 직장의 조건이 단지 월급이나 복지의 차이를 말하는 것만은 아님을 여러분도 잘 알 것이다.

자기가 좋아하는 일을 하며 30년 가까이 생활하기 위해서는 미리 그에 걸맞은 노력을 해야 한다. 대학생활을 아무런 목표도 세우지 않고 의미 없이 보내다 보면 어느새 취업 시즌에 우왕좌왕하는 자신의 모습을 발견하게 될 것이다. 주변에 있는 친구들이나 친한 동생들 중에도 종종 이런 모습을 보이는 경우가 있는데 그들과 이야기해 보면 지나간 시간들을 후회하는 경우가 많다.

이지성 작가의 『여자라면 힐러리처럼』에는 힐러리의 20대를 다음과 같이 소개하고 있다.

"그녀는 20대 중반에는 독수리의 사고방식을 가진 사람으로 변하기 위해서 분투했고, 20대 후반에는 세상으로부터 자신을 지키기 위해 날카로운 발톱과 강한 날개를 갖기 위해 노력했다. 결국 20대 시간은 지금의 우리들과 별로 다르지 않게 세상에 나갈 준비를 차곡차곡 하고 있었던 것이다. 하지만 그녀는 다른 점이 있었다. 그녀는 정치·경제 문제나 사회 현황에 대해서 친구들과 토론하기를 즐겼고, 공부에 몰입한 순간에는 누가 불러도 알아채지 못할 정도의 집중력을 발휘했다고 한다. 목표한 바를 이루기 위해서 하버드 대학에 재학 중인 남자친구를 사귀면서 하버드 생들과 토론을 즐기며 그들의 공부 방법을 배우기도 했다. 이런 배움에 대한 열정은 오늘보다 내일 그녀를 더 발전시키는 역할을 했을 것으로 보인다."

결국 그녀는 30대에 독수리로 비상하였다. 성공한 로펌의 변호사로 커리어를 쌓으며 다양한 사회활동을 하면서 드디어 세상의 주목을 받기 시작한 것이다. 자신의 노력이 결실을 맺기까지는 인내의 시간이 필요하다. 그 시간을 묵묵히 걸어가면서 자신의 시간이 오기만을 기다리는 자만이 성공에 이를 수 있다. 그러니까 너무 조급해할 필요는 없다.

7년간의 사법시험 준비가 성과 없이 끝났을 때 나는 '잃어버린 7년'이라고 자책하며 흘러간 시간을 아쉬워했다. 그런데 지금 일하고 있는 신용정보업계는 다행히 법조인들이 깊게 관여하는 분야가 아니어서 변호사 자격증이 없더라도 목소리를 내고 전문성을 발휘할 수 있다. 회사와 자문계약이 되어 있는 로펌에 법률검토 의뢰를 할 때면 변호사도 나의 의견을 존중해 주며 전문가로 대우해 준다.

모습은 다르지만 그동안의 노력은 어디가지 않고 나의 경쟁력이 되어 주고 있었던 것이다. 하지만 이것만은 명심했으면 좋겠다. 무슨 일을 하든지 하늘을 감동시키는 노력이 필요하다는 것을 말이다. 최근 종영한 드라마 〈미생〉에서 주인공 장그래가 한 말이 기억에 남는다.

"당신의 시간은 나의 시간과 다르다. 왜냐하면 당신의 노력과 나의 노력은 그 질이 다르기 때문이다."

'운으로 사는 사람'이 되지 않고 '실력으로 사는 사람'이 되기 위해서는 부단한 노력이 필요하다. 혹시 과거 좌절과 실패를 경험해 본 적이 있어서 낙담하고 있는 사람이 있다면 '지금까지'는 잊고, '지금부터' 시작이라는 마음가짐으로 다시 일어나 자신의 길을 걸어가길 바란다. 그리고 그 길은 잘할 수 있거나 좋아하는 것 하나 정도면 충분하다.

얼마 전에 TV를 시청하다가 수산시장에서 칼갈이를 하면서 수십억 원대의 부자가 된 주인공의 이야기를 본 적이 있다. 그는 수십 년 동안 하루도 빠짐없이 새벽에 일어나 정성스럽게 칼을 갈았다. 대한민국 그 누구도 따라올 수 없을 정도로 열심히 말이다. 만약 남들보다 앞서가고 싶다면 적어도 남들과 다르게 오늘 하루를 보내야 한다는 사실을 명심하자.

3
1톤의 생각보다
1그램의 행동이 중요하다

"당신이 뛸 경우 당신은 질지도 모른다.
만약 뛰지 않는다면 당신은 확실히 진다."
– 제시 잭슨

예전에 나이키 광고 중에 「JUST DO IT!」이란 광고가 선풍적인 인기를 끌었던 적이 있다.

주변 후배들과 이야기를 하다 보면 생각은 참 많은데 정작 행동으로 실천하지 못하는 경우를 보게 된다. 그때마다 나는 나이키의 광고처럼 "일단 해봐."라고 조언해 준다. 아무리 좋은 생각이라도 행동으로 움직이지 않는다면 무슨 소용이 있겠는가?

얼마 전에 TV 프로그램을 시청하다가 미국에 유학 간 3명의 남자들의 이야기를 흥미롭게 본 적이 있다. 그들은 의기투합하여 이동식 트럭에서 컵밥을 팔아 미국인들의 입맛을 사로잡았다.

한국의 컵밥을 미국인 입맛에 맞게 구성하여 새로운 가치를 창출해 낸 것이다. 컵밥에 매료된 사람만 2만 명이라고 하는데, 더욱 놀라웠던 것은 우리가 알고 있는 이동식 트럭을 넘어 미국인들과 역동적으로 소통하고 있는 그들의 열정적인 모습이었다.

한국말로 주문하면 양을 두 배로 얹어주고, 트럭에서 내려와 미국인들과 노래에 맞춰 춤을 추는 모습은 한국의 컵밥을 전하는 것을 넘어 한국의 젊음을 보여주고 있었다. 그들은 사람들이 먹다 버린 쓰레기통을 뒤져서 어떤 점을 보완해야 하는지 늘 고민하고 바로 행동으로 실천했다. 컵밥이라는 단순한 메뉴를 가지고 유타 주의 유명인사가 된 이들의 성공담은 일단 도전하고 보는 청춘의 특권 바로 그것이었다.

나는 배움과 일은 하나라고 생각한다. 그래서 지금의 나는 어제보다 더 많이 알고, 오늘의 나보다 내일의 내가 더 많이 알고 발전해 있어야 한다. 만일 그렇지 못하다면 그 사람은 무의미하게 하루를 보내고 있는 것이다. 그래서 항상 고민하고 행동하는 것이 필요한 것이다. 아인슈타인도 "어제와 똑같이 살면서 다른 미래를 기대하는 것은 정신병 초기 증세"라고 말했다. 물론 자신의 능력을 100% 발휘하는 것이 결코 쉬운 일은 아니다. 하지만 그렇게 살려고 노력하는 것은 결코 어려운 일이 아니다.

지금 주어진 삶에서 더 나아갈 수 있는가? 아니, 나를 조금 더 변화시킬 수 있는가? 사람들은 익숙해진 것에 길들여지면 모험과 도전을 감수하지 않는다. 특히 명문대학에 입학한 학생이나 대기업에 취업한 직장인들 중에 그러한 경우가 많다. 명문대학을 나왔다는 사실이 취업을 보장해 주는 시절이 지나갔는데도 본인만 모르고 있다. 설령 알고 있더라도 자아도취에 빠져서 자신이 만들어 놓은 환상 속에서 벗어나지 못한다. 대기업에 취업한 사람도 마찬가지이다. 회사가 언제까지 자기를 지켜주지 않을 것을 알면서도 자기계발을 하지 않고 허송세월을 보내는 경우가 많다. 중요한 것은 아는 것이 아니라 결단이고 실천이다. 아는 만큼 노력하는 만큼 삶의 질이 달라진다.

'내일의 나'는 '오늘의 나'를 넘어설 것이라는 자신감. 우리들에게 지금 필요한 것은 이런 태도가 아닐까 한다. KFC의 창업자 커넬 샌더스가 말했다. "나는 녹이 슬어 사라지기보다는 다 닳아빠진 후에 없어지리라."라고 말이다.

4
9회 말 역전 만루 홈런의
주인공이 되라

"역경을 이겨내고 핀 꽃이야말로 가장 진귀하고 아름답다."
– 영화 〈뮬란〉 中

야구를 각본 없는 드라마라고 한다. 정확히 언제인지는 기억
나지 않지만 그날 TV를 통해 두산과 넥센의 야구경기를 보고 있
었다. 넥센의 패색이 짙던 9회 말 2아웃 상황에서 박병호 선수는
쓰리런 홈런 한 방으로 "이것이 바로 야구다."라며 각본 없는 드
라마임을 보여주었다. 3:0으로 두산에 끌려가던 상황에서 타석
에 선 박병호 선수는 그날 홈런 한 방으로 동점을 만들었고, 경기
장에 있던 두산 팬들은 허탈함과 좌절감을, 넥센 팬들은 '역전'이
라는 두 글자를 머릿속에 떠올렸다. 우리의 인생도 마찬가지 아
닐까? 언제까지 남들에게 뒤처지며 살 수는 없지 않은가? 언젠
가 나도 보란 듯이 성공해서 환하게 웃는 모습을 누구나 상상할
것이다.

서울대학교 조동성 교수와 그의 제자 김성민 씨가 쓴 『장미와 찔레』라는 책이 있다. 고등학교 이후 진로, 성공에 대해서 많은 생각을 해 왔었는데, 이 한 권의 책은 그동안 나를 괴롭혀 왔던 고민들에 대한 해답을 제시해 주었다.

주인공은 조그마한 온라인 강의 콘텐츠 업체에 취업을 하면서 사회생활을 시작하지만 직장생활에 만족하지 못하고 불투명한 미래에 불안해한다. 그래서 예전 대학교 교수님을 찾아가 조언을 구하는데, 교수님은 그녀에게 '장미꽃 같은 인생'과 '찔레꽃 같은 인생'에 대해 이야기해 주었다.

장미꽃과 같은 삶은 비록 처음에는 힘들지만 시간이 지나면 그 분야에서 성공을 이루어 내는 인생을 의미한다. 반면 찔레꽃과 같은 삶은 첫 출발을 안정적으로 시작해서 크게 기복 없이 평탄하게 유지해 나가는 인생을 말한다. 물론 후자와 같이 사회 첫 출발부터 안정적이고 성공적이라면 두말할 나위 없이 다행이다. 하지만 모든 사람들의 첫 출발이 성공적일 수만은 없다. 그래서 옛말에 대기만성형 인간이라는 말도 있지 않은가?

선택은 각자의 몫이겠지만 평범한 사람들이라면 장미꽃과 같은 삶을 기대하며 살았으면 좋겠다. 지금 당장은 노력의 결실이 보이지 않더라도 꾸준히 자신의 길을 걸어가면 언젠가는 꿈을 이루어낼 수 있다는 기대를 가슴속에 품으면서 말이다. 부끄러운 이야기지만 나 역시 찔레꽃과 같은 인생을 살고 싶었다. 20대 중반에 사법시험을 합격하여 검사가 되면 20년 정도는 검사생활을 하다가 50대에 「김앤장」 법률사무소 같은 대형로펌에 근무하는 평탄한 삶을 살려고 했다. 하지만 운명은 잔인하게도 내가 계획한 대로 흘러가지 않았다.

"사람이 마음으로 자기의 길을 계획할지라도 그의 걸음을 인도하시는 이는 여호와시니라."(잠언 16:9)

나는 20대 중반에 인생의 실패를 맛보고,『장미와 찔레』의 주인공처럼 회사에 취업하여 직장인으로 살고 있다. 물론 내 인생도 장미꽃처럼 인고의 시간을 거쳐 향기로운 꽃을 활짝 피는 시간을 기다리고 있다.

인생은 실패하는 데서 끝나는 것이 아니라 그 실패에 좌절을 하고 절망할 때 끝난다. 중국 최대기업 알리바바의 마윈 회장은 중학교와 대학교 입시에서 각각 세 번이나 실패했다고 한다. 취업에 실패한 것만 30여 번이라고 하니 성공적인 인생을 살아온 사람은 아니다. 하지만 그는 "수없이 거절을 당하다 보니 실패가 두렵지 않았다."라고 했다.

우리들은 좌절과 실패를 맞닥뜨리면 뒤로 물러나려고 하는데, 성공한 사람들은 뒷걸음이 아닌 한걸음만 더 옮기려고 노력했다는 사실을 잊지 말자. 말콤 글래드웰은『아웃 라이어』에서 진정한 전문가가 되려면 1만 시간을 투자해야 한다고 말했다. 이는 단시간 내에 전문가로 성장할 수 있는 것이 아님을 보여준다. 결국 성공이라는 것은 시간을 필수적으로 소비해야 하는 것이다.

당신의 성공을 1%도 의심하지 말고 구체적인 계획을 세워 꾸준히 노력하자. 꿈을 버리지 않는다면 꿈도 당신을 버리지 않을 것이다. 저 어딘가에서 찬란한 영광의 순간이 당신을 향해 달려오고 있다는 것을 기억했으면 좋겠다.

5
다른 재능이 없으면
공부에 올인(All-In)하라

"만약 한 사람이 교육을 소홀히 한다면
그는 생이 다할 때까지 한 발을 절며 걷는 것이다."
– 플라톤

마이크로소프트사의 빌게이츠 회장은 세계 최고의 부자가 된 비결을 공부와 책에서 찾는다. '공부하는 바보가 되라'고 강조하며 그는 이렇게 말했다. "어릴 적 나에겐 정말 많은 꿈이 있었고, 그 꿈의 대부분은 책을 많이 읽었기에 가능했다.", "공부벌레들에게 잘해주십시오. 나중에 그 사람 밑에서 일하게 될 수도 있습니다."

한 여성의 학창 시절 이야기는 공부가 세상 가운데 우뚝 설 수 있는 가장 쉬운 방법임을 보여준다. 그녀는 대학 시절 보통의 여대생처럼 연예인이나 남자 이야기를 하거나 맛집과 명품을 쫓아다니는 데 시간을 보내지 않았다. 대신 그녀는 하버드생과 친구가 되어 세상의 모순을 바로잡고, 인종문제를 해결하는 등 정치적 이슈에 대해서 토론과 논쟁을 벌였다. 그녀는 다름 아닌 2016년 미국 최초의 여성대통령 후보로 거론되며 전 세계 여성들이 가장 닮고 싶어 하는 '힐러리'이다.

가정 형편이 넉넉지 않았던 우리 집은 아버지와 어머니 모두 공부만이 살길이라고 항상 말씀하셨다. 지금 생각해 보면 대한민국 사회에서는 공부를 통해 성공하는 것이 가장 쉽고 빠른 길이라고 느끼셨던 것 같다. 우리들이 알고 있는 성공한 스포츠 선수 박지성, 김연아, 그리고 대중들에게 사랑받는 인기 연예인 김수현, 전지현이 공부가 아닌 운동과 연기에 집중한 것처럼 나는 공부에 집중할 수밖에 없었다.

내겐 공부 말고는 특별히 할 줄 아는, 아니 할 수 있는 재능이 없었다. 그래서 공부라도 열심히 하기로 중·고등학교 때부터 마음먹었다. 지금은 변호사가 된 장승수 씨가 쓴 『공부가 제일 쉬웠어요』는 당시 대한민국 최고의 베스트셀러였다. 막노동을 해서 서울대 법대에 입학한 그의 이야기는 공부는 재능보다는 자세가 중요하다는 사실을 증명해 주었다.

사실 공부는 기술을 알고 집중력만 있다면 누구나 잘할 수 있다. 물론 멘토가 있다면 성적 향상은 더 빠를 것이다. 하지만 가장 중요한 것은 공부를 하겠다고 계획을 세운 후, 정해진 분량을 채워가며 하루하루 열심히 보내는 끈기 있는 자세다.

공부 머리가 따로 있는 것은 아니다. 공부는 이겨놓고 시작해야 한다. 주변 친구들 중에 시험만 보았다 하면 우수한 성적을 내는 경우가 있을 것이다. 아마도 그들은 그동안 준비했던 실력을 유감없이 발휘하겠다는 자신감에 가득 차 있을 것이다. 자기가 공부한 내용이 시험문제로 나올지 안 나올지, 그리고 찍어서 공부한 내용이 나오지 않으면 어쩔 수 없다는 식의 자신감 없는 태도는 시험에서 좋은 성적을 기대할 수 없다.

그렇다면 어떻게 하면 이겨놓고 시험장에 들어갈 수 있을까? 그것은 한 번에 크게 성공하려고 하지 말고 목표를 잘게 나눈 후에 여러 번 성취해 가는 것을 반복하는 것이다. 목표를 달성하는 횟수가 늘어날수록 공부에 대한 자신감과 시험에 대한 자신감도 쌓이게 될 것이다. 그러다 보면 공부하는 재미를 느낄 수 있게 된다.

'오마하의 현인'으로 불리는 워렌 버핏 회장은 "나는 넘지도 못할 7피트 장대를 넘으려고 애쓰지 않는다. 나는 내가 쉽게 넘을 수 있는 1피트 장대를 주위에서 찾아본다."라고 말했다. 처음부터 넘지 못할 목표를 만들어 두고 계속 좌절하는 것보다는 자신의 수준에 맞게 목표를 세운 후 여러 번 성공의 경험을 쌓는 것이 장기적으로 볼 때 공부에 흥미를 갖게 해 줄 것이다.

공부는 습관이고 기술이다. 습관을 들이고 공부하는 방법만 알게 되면 누구나 공부를 잘할 수 있다. 공부는 성실함의 증표이다. 오늘 걷게 되면 내일은 뛰어야 한다. 오늘 정해진 분량을 공부하지 않으면 내일은 두 배로 공부를 해야 하고 이마저도 계속 미루게 되면 5년 후, 10년 후 당신은 남들의 성공을 뒤에서 부러운 눈으로 바라보는 사람이 되어 있을 것이다. 당신의 자녀에게는 공부해서 남 주냐며 공부의 중요성을 강조하면서 말이다.

누군가는 이렇게 질문할 수 있다. "공부법을 알게 되면 누구나 공부하는 것이 재미있게 되나요?"

선천적으로 공부에 재능이 있는 사람이 있다. 그런 사람들은 예외로 하고 대부분의 사람들은 공부를 온전히 재미에 의지하여 할 수만은 없다. 공부는 고통스러운 과정이다. 왜냐하면 책상에 앉아서 무언가를 읽고 쓰고 암기하는 과정은 묵언수행과 닮아 있기 때문이다. 하지만 과정이 고될수록 목표에 도달할 때 느끼는 즐거움이 큰 것은 분명하다.

그래서 공부 방법을 익히는 것보다 먼저 공부하는 자세, 공부

체질을 만드는 것이 중요하다. 의자에 엉덩이를 붙이고 30분, 1시간, 2시간 이렇게 앉아있는 시간을 늘리다 보면 공부 습관이 만들어질 것이다. 책상 앞에 자신의 목표를 메모지에 써서 붙여 넣는 것도 시각화에 도움이 된다. "나는 ㅁㅁ대학에 꼭 합격한다.", "나는 ㅇㅇ대기업에 취업한다." 등과 같이 말이다.

나는 목표를 달성할 때마다 스스로에게 상을 줬다. 토요일 아침에 근처 영화관에서 조조로 최신 영화를 보는 것은 공부로 지친 한 주의 스트레스를 날려주기에 충분했다. 뇌는 쓰면 쓸수록 발달한다고 한다. 사람마다 체질이 다르고 타고난 본성도 다르기 때문에 '친구들은 공부를 잘하는데 나는 왜 안될까?' 하고 좌절할 필요가 없다.

다시 강조하지만 공부는 자신감만 있으면 결국 이기는 싸움이다. 부정적인 생각을 버리고 매일 조그마한 성취를 통해 공부로 성공하는 사람이 되어 보자.

6

간판 없는 당신의 가치는
얼마인가요?

"세상 비극의 90%는 사람들이 자기 자신, 능력, 약점,
심지어 실제 가치조차 모르기 때문에 생기는 것이다."
— 시드니 J. 해리스

"나는 서울대학교 출신이야!", "나는 삼성전자에 근무하고 있
어!", "나는 과학고를 졸업했어!", "우리 아버지는 고위직 공무원
이야!" 등 사회생활을 하다 보면 정말 많이 듣는 이야기다. 그럴
때마다 나는 마음속으로 이렇게 되묻곤 한다.

'So what?'

그래서 뭐 어쨌다는 건지 모르겠다. 학벌이나 근무하는 회사가
자신을 대표하는 것은 맞지만 사실 그런 조건들은 최소한이라고
생각한다. 정말 중요한 것은 그 사람으로부터 그런 울타리들을
걷어 버렸을 때 얼마나 경쟁력이 있느냐 하는 것이다. 속된 말로

계급장 떼고 한판 붙을 자신이 없으면 사회에서 살아남을 수 없다. 그래서 나는 후배들에게 명함에 취하지 말라고 종종 이야기한다. 명함은 퇴직과 동시에 종잇조각에 불과하다. 특히 요즘 최악의 실업난을 겪다 보니 대기업에 취업한 사람들은 성공이라는 이름의 함정에 빠지기 쉽다.

마이크로소프트의 빌게이츠 회장은 "성공은 형편없는 선생이다. 똑똑한 사람들로 하여금 절대 패할 수 없다고 착각하게 만든다."라고 말했다. 일단 취업이라는 관문을 넘어본 사람들은 자기가 엄청난 일을 해낸 것 같은 착각을 한다. 매달 월급 통장에 들어오는 두둑한 돈이 자신의 전부인 것처럼 생각하면서 말이다. 하지만 기억할 것이 있다. 당신보다 먼저 그 회사를 거쳐 갔던 사람들도 똑같이 생각하고 행동했다는 것을. 직장인은 언젠가는 회사를 떠나야 할 때가 분명히 온다.

나는 하루 일과를 마치고 저녁 시간을 이용해 경제신문 2개를 읽는다. 최신 트렌드를 확인하고 정치·경제면에서 나의 경쟁력으로 활용할 소재가 없는지 눈여겨보기 위해서다. 그런데 요즘 신문 기사에는 금융회사 구조조정에 대한 내용이 자주 눈에 띈다. 며칠 전에는 대형 증권사 한 곳이 직원 대상으로 희망퇴직 신청을 받는다고 발표했다. 이름만 들어도 아는 회사인데 6년 이상 근무한 직원도 대상이라고 하니 입사하자마자 바로 실업자가 될 운명에 놓였다 해도 과언이 아니다.

　주변을 둘러보면 일단 회사에 입성하는 순간 더 이상 노력하지 않는 사람들을 볼 수 있다. 매달 월급 통장에 들어오는 것을 확인하며 뿌듯해하면서 말이다. 하지만 당신이 멈춰선 그곳이 바로 당신의 무덤임을 기억해야 한다. 40대 초반에 쓸쓸하게 책상을 정리하며 회사를 나오는 모습은 이제 누구에게나 발생할 수 있는 일이다. 그렇다면 어떻게 해야 무언가의 후광에 의지하지 않고 나만의 가치를 만들어 낼 수 있을까? 적어도 직장인이라면 나와 회사가 함께 성장할 수 있는 방법을 모색하는 것이 필요하다.

　회사의 성장과 함께 자기계발에 성공한 사람을 소개한다. 그는 바로 조관일 창의경영연구소 대표이다. 대학 졸업 후 농협에 입사한 그는 고객을 상대하면서 겪은 경험을 살려 농협 직원들을 대상으로 한 교육용 책『손님 잘 좀 모십시다』를 출간하였다. 그는 회사 업무에 소홀히 한다는 이야기를 들을까 봐 자투리 시간과 흘러가는 시간들을 쪼개 쓰며 직장생활 동안 여러 권의 책을 출간하였다. 그뿐만 아니라 강의를 하며 자신의 경쟁력을 쌓아나갔다.

　비록 시작은 월급쟁이 회사원이었지만 이후 농협 임원을 거쳐 강원도 정무부지사, 대한석탄공사 사장을 하며 성공적으로 1인 기업가로 변신하였다. 최근에는『자기 세상을 만들 용기』라는 책을 출판하였는데 단순히 꿈과 힐링만을 강조하는 자기계발서와 달리 자기만의 길을 가며 인생의 주인공으로 살 수 있는 방법들을 소개하여 또 한 번 주목을 받고 있다.

다른 한 명은 금융감독원 서민금융지원국의 조성목 선임국장이다. 그는 2012년에 『머니 힐링』이라는 책을 출간하여 경제 분야 베스트셀러에 오르기까지 했다. 국내 서민금융 관련 최고의 전문가로 손꼽히는 그는 금융감독원 업무로 바쁜 와중에도 『신용으로 부자 되는 알짜 노하우』 등 다양한 저서를 출간하고 대학교 강의와 방송출연을 통해 자신의 존재감을 세상에 확실히 드러냈다. 최근에는 신용회복위원회가 주관하는 '신용상담사' 시험에 합격하여 은퇴한 후에는 신용으로 고통받는 사람들을 위해서 헌신하고 싶다는 내용의 인터뷰를 해 화제가 된 적이 있다. 이러한 노력의 결과 그는 금융감독원 내에서도 서민금융 분야의 대체 불가능한 인물로 평가를 받으며 국장의 자리까지 올랐다.

앞에 소개한 조관일 대표와 조성목 국장의 이야기를 통해서 당신은 어떤 생각이 드는가? 참고로 두 분 모두 명문대를 나온 분들이 아니다. 이들은 어디 출신이라는 간판을 드러낼 필요가 없을 정도로 자기만의 확고한 경쟁력을 갖고 있다. 그 분야의 전문가로 인정받고 있다는 점에서 말이다.

어떤가? 이래도 현실에 안주하고 살겠는가? 자기계발의 끝은 사회생활을 하는 동안 계속되어야 한다. 당신이 멈춰선 순간에도 그 누군가는 새벽 불을 밝히며 꿈을 향해 한걸음 나아가고 있다는 점을 꼭 잊지 말자.

7
인생에는 정답이 없다

"우리는 다른 사람과 같아지기 위해 삶의 3/4을 빼앗기고 있다."
– 쇼펜하우어

서울올림픽 수영 금메달리스트 던컨 암스트롱은 지난 2008년 한국을 방문하여 '꿈'과 '성공'에 대해서 강연을 하였다. 그는 한국의 대학생들이 자신의 능력을 너무 과소평가하고 자신감이 없다는 느낌을 받았다고 한다. 그런데 더욱 큰 문제는 대기업에 취업하거나 의사나 변호사, 공무원이 되는 것이 성공이라고 잘못 생각하는 데 있다고 했다. 그는 진정한 성공은 "행복하고 만족스러운 삶이며, 자신이 가장 잘할 수 있는 것을 계발하여 만족한 삶을 사는 것"이라고 말했다. 결국 성공은 바로 자신 안에 있다는 것이다.

우리나라 국민들처럼 남들 눈치를 많이 보는 경우도 흔치 않다. '엄친아'라는 말이 있다. 엄마 친구의 아들의 줄임말인데 항상 엄마 친구 아들은 나보다 잘난 구석이 한두 군데 많다. 그래서 남들보다 뒤처지는 것 같으면 이겨먹고 말겠다는 생각으로 경쟁 의식을 불태우고 혹시라도 뒤지게 되면 배가 아파서 잠을 이루지 못한다. 하지만 사람은 얼굴과 성격이 다르듯 능력도 제각기 다르다. 그래서 누군가와 자신을 끊임없이 비교하게 되면 결국 남의 인생만 뒤쫓다가 인생을 마감하게 될 것이다. 자신의 길을 따라가며 자기만의 성공을 만들어야 하는 이유가 여기에 있다.

경기가 어렵고 취업을 하더라도 구조조정을 당하다 보니 공기업이나 공무원 시험을 준비하는 청년들이 늘고 있다. 자신들의 꿈은 공기업 직원이나 공무원이 되는 것이라고 자랑스럽게 이야기하면서 말이다. 그들은 급여는 많지 않지만 안정적으로 생활할 수 있다는 장점을 공통적으로 든다. 그런데 과연 공기업 직원이나 공무원이 꿈이 될 수 있을까? 물론 공기업 직원과 공무원을 평가절하 하려는 것이 아니다. 다만 공기업 직원이 되어 어떤 전문성을 갖고 싶은지, 그리고 공무원이 되어 국민의 봉사자로 활동할 자신이 있는지에 대한 고민 없이 무턱대고 안정적인 직업을 갖겠다는 생각은 평생 세상이 주는 사고방식에 빠져서 아무 생각 없이 살겠다는 것과 다를 게 없다.

한 번뿐인 내 인생이 아까워서라도 남이 아닌 내가 나의 길과 성공을 정의해야 한다. 남들이 원하는 인생이 아니라 내가 원하는 인생을 살아야 한다. 스티브 잡스는 스탠퍼드대 졸업식 축사에서 이렇게 말했다.

"당신의 시간은 제한되어 있다. 남의 삶을 사는 걸로 인생을 낭비하지 마라."

관점을 바꿔서 다른 누군가 나를 닮고 싶어 하도록 내가 길을 만들어 살아보는 것은 어떨까? 영화 〈울지마 톤즈〉의 주인공으로 널리 알려진 故 이태석 신부. 그는 안정적인 의사의 삶을 버리고 아프리카의 작은 마을 남수단 톤즈로 떠났다. 그는 질병에 시달리는 환자를 돌보고 공부할 여건이 안 되는 아이들을 위해 학교를 세웠다. 그뿐만 아니라 직접 교사가 되어 아이들을 가르쳤고 전쟁과 가난으로 웃음을 잃어버린 아이들의 마음을 치유하기 위해 35인조 밴드를 만들었다.

비록 젊은 나이에 대장암으로 세상을 떠났지만 그가 보여준 사랑과 봉사의 삶은 남들과 다른 길을 가는 것이 불행하거나 실패자의 모습이 아니라는 것을 깨닫게 해준다. 아니, 평안한 길을 가며 무미건조한 하루를 보내고 있는 우리들을 부끄럽게까지 한다. 인생은 정답이 없고 정해진 길도 없다. 그래서 내가 가는 길이 정답이다. 대다수가 "예."라고 손들 때 "아니오."라고 당당히 말할 수 있는 용기. 우리들에게는 그런 태도가 필요하다.

20대 청춘의 시기에는 매일 하루 1분이라도 어떻게 살지 고민해야 한다. 무엇을 위해 공부하고 있는지, 무엇을 위해 살고 있는지 고민해 본 사람과 그렇지 않은 사람의 미래는 다르다. 성공한 사람들 중에는 초반에 눈에 보이는 결과물이 없어서 초라해 보이는 경우가 많다. 개그맨 김병만의 삶도 그랬다. 키가 작고 볼품없던 그는 개그맨이라는 꿈을 품고 묵묵히 노력한 결과 지금은 누구보다 인기 많은 개그맨으로 자리 잡게 되었다. 그러니까 중도에 좌절하지 말고, 끊임없이 자신과의 싸움을 계속해 나가자. 그러다 보면 자신감도 쌓이고 어느 순간 어제의 나를 뛰어넘는 내일의 나를 만나게 될 것이다.

대한민국 대학생들이 가장 존경하는 인물에 항상 손꼽히는 바람의 딸, 한비야 前 월드비전 긴급구호팀장. 현재는 UN 중앙긴급대응기금 자문위원과 월드비전 세계시민학교 교장 등 왕성한 활동을 하고 있는 그녀는 아직도 20대 청춘의 열정을 지니고 있다. 어릴 적에 '지도 밖으로 나가 도전하겠다'는 꿈을 품었던 그녀는 안정적인 직장에 사표를 던지고 미래가 보장된 편안한 삶이 아니라 보람과 행복을 찾아 자신만의 길을 걸어갔다. 그 결과 그녀는 변화를 꿈꾸고 생각을 행동으로 실천하는 대한민국의 리더로 자리 잡게 된 것이다. 만일 그녀가 한국에서 평범한 직장생활을 하는 데 만족했다면 오늘날의 '한비야'는 결코 나올 수 없었을 것이다.

인생이란 길에서 남과 다른 길을 가게 되면 불안하거나 힘들 것 같다는 생각이 든다. 하지만 인생은 마라톤과 같아서 남들이 하는 대로 따라가기에는 너무도 멀고 험하다. 자기가 가는 길을 정말 좋아하거나 하고 싶은 일이 아니라면 완주는커녕 중도에 포기하는 경우가 더 많을 것이다. 그러니까 당신이 한 발짝 내디뎌서 만들어낸 길을 누군가 따라온다는 생각으로 정성껏 길을 만들어 보는 건 어떨까?

서울대학교 김난도 교수는 "왜 자꾸 남이 하는 일만 선망하는가? 당신 자신이 되어라. 다른 사람의 자리는 모두 찼다."라며 우리들에게 자신의 길을 걸어가라고 이야기한다. 나란 존재가 지구상에 한 명뿐이듯 나의 삶은 다른 누구와 비교할 수 없을 정도로 특별하다. 목표를 달성하기 위한 방법이 한 가지만 있는 것이 아니라는 점을 기억하고 나의 길을 의연히 걸어가 보자. 당신을 응원한다.

CHAPTER **6**

내 인생 최고의 날은
아직 오지 않았다

1
성공이 당신을 따르게 하라

"어제로부터 배우고, 오늘을 살아가며, 내일을 희망하자."
– 알버트 아인슈타인

인정하고 싶지 않은 사실이 있다. 그것은 바로 '인생은 결코 공평하지 않다'는 것이다. 이 사실을 담담히 바라보는 순간 당신은 성공을 향해 한걸음 나아가게 될 것이다.

우리는 모습은 다르지만 준비과정을 마친 후에는 모두 인생이라는 경기장에 올라가야 한다. 그런데 경기가 시작하기도 전에 짊어진 인생의 짐이 무겁다고 내려놓고 주저앉아 버리는 이들이 있다. 하지만 이것만은 꼭 명심하자. 성공하기 위해서는 가장 먼저 자신의 삶에 감사함을 느끼고 살아야 한다는 것을. 그리고 자신의 삶을 있는 그대로 사랑해야 한다는 것을 말이다. 혹시 취업이 되지 않는다고, 남들은 면제받는 군대를 가야 한다고, 경제적으로 풍요롭지 못하다고, 명문대를 들어가지 못했다고, 월급이 적다고 불평불만하면서 살아가고 있지 않은지 한번 자신을 돌아보자.

살면서 겪게 되는 고난은 누구에게나 찾아올 수 있는 평범한 인생의 흔적들이다. 하지만 자신에게 닥친 역경과 고난에 대해 대처하는 모습은 사람마다 다르다. 어떤 이들은 험난한 파도를 만나면 쉽게 포기하고 좌절한다. "난 아무것도 할 수 없어!"라며 스스로 약함을 고백한다. 그렇지만 어떠한 사람들은 어떻게든 견뎌서 시련과 역경을 자신을 발전시키는 과정으로 승화시킨다. "이것만 지나가면 다시 좋은 날이 올 거야. 그러니까 조금만 더 힘내자!"라고 스스로에게 주문을 걸면서 더 강해지려고 한다.

이들의 차이가 무엇인지 아는가? 그것은 바로 조건이나 환경을 변명거리로 삼지 않았고, '좌절' 대신 꿈을 선택했다는 데 있다. 당신이 신이 아닌 이상 환경을 바꿀 수는 없다. 그렇지만 '당신'을 바꿀 수는 있다. 눈앞에 보이는 절망스러운 환경이 아니라 찬란히 빛날 꿈을 향해 달려가겠다는 당신의 모습을 선택해 보자.

누군가 말했다. 아픔과 고난이 없는 사람은 성공하기 어렵다고. 남부러울 것 없이 평온하게만 살아온 사람들은 무엇인가 쟁취하겠다는 욕심이 없고, 도전 의식도 없다. 경제적으로 풍요한 사람들이 사회적으로 성공하거나 능력을 인정받는 경우는 극히 드물다. 내 주변을 둘러보아도 그랬다. 학창 시절 남부러울 것 없이 자란 친구들이 많았는데 지금 나의 삶과 비교해 보면 특출하게 성공한 케이스는 많지 않다. 혹자는 그들은 돈이 많기 때문에 노력할 이유가 없으니 당연한 것이 아니냐고 반론을 제기할지 모른다. 물론 맞는 말이다. 노력하지 않아도 먹고사는 데 지장이 없으니까 노력할 이유도 없는 것이다.

그런데 여러분은 어떤가? 당장 대학교 등록금이 없어서 공부할 시간에 아르바이트를 하고 있지 않은가? 먹고살기 위해 회사에서 상사 눈치를 보면서 하루하루를 보내고 있지 않은가? 이런 평범한 삶이 나쁘다는 것이 절대 아니다. 우리의 부족한 환경을 탓하는 대신 부족한 부분을 채워나가는 재미를 느껴보라는 것이다. 우리 인생은 부족한 것을 탓하며 불평만을 하기에는 너무도 시간이 아깝다. 자신의 부족한 것만 바라보고 절망에 빠져있는 사람들은 자신의 인생에 부끄러워해야 한다.

화창한 날씨에 햇살이 부서지는 오늘을 만끽할 수 있는 당신의 삶이 그 자체로 행복이다. 인간은 본능적으로 남들과 비교를 통해서 안정을 느끼는 동물이다. 그래서 상대적으로 감사함을 느끼고 살아가는 것은 어쩔 수 없다. 하지만 지금 소개하는 손양원 목사님은 결코 감사할 수 없는 조건과 환경에 감사했다. 나는 삶의 조건에 만족하지 못하고 불평하는 마음이 생길 때마다 손양원 목사님의 '10가지 감사기도'를 다시 읽어 본다.

손양원 목사님은 일제강점기 신사참배를 거부하던 두 아들을 죽인 사람을 용서하고 양자로 삼았다. 두 아들의 장례식 때 드린 10가지 감사기도는 삶의 조건에 대해 불평하는 우리들을 부끄럽게 한다.

첫째, 나 같은 죄인의 혈통에서 순교의 자식들을 나오게 하였으니 하나님께 감사합니다.

둘째, 허다한 많은 성도들 중에 어찌 이런 보배들을 주께서 하필 내게 주셨는지 그 점 또한 주께 감사합니다.

셋째, 3남 3녀 중에서 가장 아름다운 두 아들 장자와 차자를 바치게 된 나의 축복을 하나님께 감사합니다.

넷째, 한 아들의 순교도 귀하다 하거늘 하물며 두 아들의 순교이리요. 하나님 감사합니다.

다섯째, 예수 믿다가 누워 죽는 것도 큰 복이라 하거늘 하물며 전도하다 총살 순교 당함이리요. 하나님 감사합니다.

여섯째, 미국 유학 가려고 준비하던 내 아들, 미국보다 더 좋은 천국 갔으니 내 마음 안심되어 하나님 감사합니다.

일곱째, 나의 사랑하는 두 아들을 총살한 원수를 회개시켜 내 아들로 삼고자 하는 사랑의 마음을 주신 하나님께 감사합니다.

여덟째, 내 아들의 순교로 말미암아 무수한 천국의 아들들이 생길 것이 믿어지니 우리 아버지 하나님께 감사합니다.

아홉째, 이 같은 역경 중에서 이상 여덟 가지 진리와 하나님의 사랑을 찾는 기쁜 마음, 여유 있는 믿음 주신 우리 주 예수 그리스도께 감사합니다.

끝으로 나에게 분수에 넘치는 과분한 큰 복을 내려 주신 하나님께 모든 영광을 돌립니다. 이 일들이 옛날 내 아버지, 어머니가 새벽마다 부르짖던 수십 년간의 눈물로 이루어진 기도의 결정이요, 나의 사랑하는 한센병자 형제자매들이 23년간 나와 내 가족을 위해 기도해 준 그 성의 열매로 믿어 의심치 않으며 여러분께도 감사드립니다.

지금 이 순간 자신이 처한 어려움과 고난, 그리고 실패 때문에 감사함을 잃어버리고 하루를 보내고 있는 것은 아닌지 돌아봤으면 좋겠다. 쉽지 않겠지만 손양원 목사님처럼 자녀를 죽인 원수를 양자 삼은 후 감사기도를 드린 분도 있다는 것을 보면서 우리가 느끼고 있는 부정적인 감정들이 얼마나 사치스럽고 값싼 것인지 느껴봤으면 한다.

2
나의 청춘은
아직도 현재진행형이다

"내가 바칠 수 있는 것은 땀과 눈물과 피밖에 없다."
– 윈스턴 처칠

누구나 한 번쯤은 길을 잃고 방황할 때가 있다. 나는 20대 중반에 꿈을 이루지 못한 나의 초라한 모습에 갈 길을 잃고 우왕좌왕했다. 그동안 바친 시간과 공들인 노력이 다 부질없다고 느끼면서 세상을 원망하기도 했다.

흔히 남자는 억울한 일을 겪으면서 포부가 커진다고 한다. 그것은 아마도 인생이란 험난한 파도에 맞설 수 있는 맷집이 길러지기 때문이 아닐까? 아버지가 돌아가신 그해 나는 친척과 법적인 다툼으로 법원을 다니면서 소송을 해야 했고, 다른 사람들은 30대 초반에야 경험하는 부동산 매매계약, 상속등기 등을 혼자서 처리해야 했다. 한참 공부를 할 나이에 여기저기 쫓아다니다 보니 공부 하나만 열심히 하던 시절이 그리울 때가 많았다. 억울한 일을 당할 때면 이런 생각이 들었다. 나와 가족을 세상으로부터 지키기 위해서는 무조건 배워야 한다고, 그리고 스스로 일어서야 한다고 말이다. 지금까지 내가 살아온 인생은 그야말로 책에 있는 평탄한 내용이었음을 알게 되었다.

얼마 전에 연기자 황석정 씨가 TV에 출연하여 한 말이 기억이 난다.

"물속에 뿌리를 박고 자라나는 버드나무는 다른 나무보다 더 깊이 뿌리를 박고 있다. 왜냐하면 물이 범람하더라도 쓰러지지 않기 위해서다."

나는 마음속에 품고 있던 삶의 조건들에 대한 불평불만을 버린 지 오래다. 태어날 때부터 부유한 사람이 아니라 살아가면서 기회를 잡아 성공한 사람을 더 위대하게 생각하며 그들의 삶에서 하나라도 더 배우려고 노력한다. 가발공장에서 일하던 한 여성이 미 육군 소령을 거쳐 하버드대학 박사가 되었다. 서진규 씨가 쓴 『나는 희망의 증거가 되고 싶다』는 나를 감동시키기에 부족함이 없었다. 그녀는 자신을 가로막고 있는 장벽을 하나씩 뚫고 나갔고, 삶의 가장 낮은 곳에 있으면서도 주어진 현실에 좌절하지 않고 꿈을 이루어 내어 온몸으로 희망의 증거를 보여 주었다.

이루지 못한 것, 가질 수 없는 것을 쫓거나 부러워하는 삶이 아니라 내가 이루어낸 것, 내가 이루어가고 있는 것에 자부심을 갖고 스스로를 대견스럽게 생각하는 것이 내면의 힘을 강하게 하는 비결이다. 내가 이겨야 할 상대는 당신 옆의 경쟁자가 아니고 바로 어제의 내 모습이다. 직장인으로 살아가는 요즘 구별되는 삶이 무엇인가에 대해서 진지하게 생각해 본다. 주변을 보면 미래를 걱정하면서도 현실에 안주하는 사람들이 너무 많기 때문이다.

직장생활 가운데서도 주중에 한두 번은 점심시간을 이용하여 인근의 대형서점에서 책을 읽고 있다. 그런데 여의도 직장인들이 자주 가는 대형서점인 데도 생각보다 책을 보는 사람들이 많지 않다. 자기계발서, 주식, 경매, 창업 등 다양한 분야의 책들이 매일 쏟아져 나오고 있는데 정작 공부하는 사람을 찾기 힘든 것은 아이러니하다. 이지성 작가가 쓴 『스물일곱 이건희처럼』에는 이건희 회장에 대해서 이렇게 쓰고 있다. "사람이든 조직이든 변화하려면 무엇보다 먼저 사고방식(마음)이 변해야 하는데, 오직 강의를 통해서만 이를 가능케 할 수 있다고 판단한 것이다." 이건희 회장이 삼성을 개혁하기 위해서 임직원들의 교육에 많은 돈을 투자한 것을 두고 한 이야기이다.

공부는 끝이 없다. 사회인이 된 지금도 마찬가지다. 매달 월급통장에 들어오는 돈을 보면서 안정감을 느낄 것이 아니라 위기감을 느껴야 한다. 점점 월급에 매여 가는 자신의 모습을 보면서 말이다. 자신이 관심을 갖고 꾸준히 지식을 쌓고 싶어 하는 분야가 있을 것이다. 일단 관심분야가 있다면 당신의 미래는 밝다. 그다음에 필요한 것은 부단히 공부하는 것이다. 공부를 하려면 발품을 팔고 교육의 기회를 스스로 찾아보는 열정이 필요하다.

입사 후 지금까지 내가 공부한 목록을 적어 보았다. 키워드는 인권, 난민, 신용, 정보, 금융, 강의, 이미지, 프라이버시 등으로 요약된다. 회사의 성장과 나의 성장이 같이 이루어지려면 자신의 강점을 발견해서 필요한 공부를 해야 한다. 직장인으로 성공하기 위해서는 전문성과 인맥, 추진력, 리더십 등이 필요하다. 그중에 으뜸은 단연 업무적으로 전문성을 갖추는 것이다. 실력이 뒷받침되지 않는 인맥과 리더십은 위기의 순간에 빛을 발하지 못한다.

직장인의 미래는 본인이 만들어 가는 것이다. 항상 준비하고 대비하자. 40대 명예퇴직을 걱정하며 미래를 두려워하는 사람이 되지 말고 지금부터 틈틈이 자신의 강점이 무엇인지 그리고 무엇을 잘할 수 있는지 늘 고민하자. 직장인은 회사로부터 돈을 받고 직무능력을 배우고 복지도 누리는 최고의 신분임에는 틀림없다. 물론 일한 대가를 받는 것이라는 반론이 있겠지만 나는 직장생활 5년 동안 회사라는 조직에 속해 있다는 이유만으로 다양한 교육의 기회를 누렸다.

- 신용상담사(신용회복위원회), 신용관리사(신용정보협회), 개인정보관리사(CPO포럼), 개인신용평가사(NICE평가정보), Personal Image Director 2급(한국이미지경영교육협회)
- 신용정보 인프라 확충과 금융산업 발전에 기여한 유공 표창(전국은행연합회, 박병원 회장)
- 2013년 금융이용자모니터, 금리인하요구권의 현실화를 위한 제도 개선 의견 제시(금융감독원, 권혁세 원장)
- 2015년 금융소비자리포터, 신용상담사 제도의 도입 및 금융교육 강사의 국가공인 등록 의견 제시(금융감독원, 진웅섭 원장)
- 충남 아산 경찰수사연수원 통신금융추적과정 외래 강사
- 금융기관 신입직원 대상 신용정보법 강의
- 『내 생애 꼭 하고 싶은 32가지(공저)』, 위닝북스
- 고려대학교 사이버법센터, 2015년 대학원생을 위한 Data Privacy Academy 수료

네이버 사전을 검색해 보니 청춘(靑春)을 십 대 후반에서 이십 대에 걸치는 인생의 젊은 나이라고 정의하고 있다. 하지만 청춘의 범위를 단순히 나이로만 정해버리는 것은 청춘한테도 너무 미안하다는 생각이 든다. 30대 중반이 된 나는 나의 사전에 청춘을 이렇게 정의하였다. '스스로의 한계를 정하지 않고 열정으로 꿈꾸고 도전할 수 있는 시간'이라고 말이다. 만약 누군가 50대가 돼서야 자기가 정말 하고 싶은 것을 발견했다면, 그리고 그것을 위해 도전을 하고 있다면 그 사람은 신체적 나이는 50대이지만 그 열정은 20대 청춘에 버금가는 것이다.

그래서 나의 청춘의 시간은 아직도 현재 진행형이다. 아직도 가슴 한편에는 이루고 싶고 도전하고 싶은 열정 덩어리가 뛰고 있기 때문이다.

3
가슴을 뛰게 하는
나의 버킷리스트

"많은 사람들이 인생에서 발버둥치지만 실패만 하는 이유는 목적,
즉 이루고자 하는 목표가 없기 때문이다."
– 조지 할라스

미국에서 대학교 졸업식의 백미는 축사다. 특히 유명인사의 경험
이 녹아든 축사는 명언이 되어 우리들의 삶의 나침반이 되어 준다.

"계속 갈망하라(Stay hungry)! 여전히 우직하게(Stay foolish)!"(스
티브 잡스, 스탠퍼드대 축사)

"야망을 가져라. 끝없이 손 내밀어 꿈꿔라."(셰릴 샌드버그, 페이
스북 최고운영자, 시카고시립대 축사)

"포기하지 말라! 절대로 포기하지 말라!"(윈스턴 처칠, 옥스퍼드대
축사)

"인생의 북극성을 찾고, 불의와 싸우라."(팀 쿡, 애플 CEO, 조지워
싱턴대 축사)

최근에는 할리우드 배우 로버트 드니로가 뉴욕대 티시 예술대학 졸업식에서 축사를 한 것을 두고 화제가 되었다. 그는 원하는 배역을 따기 위해 대본을 7번이나 읽었지만 결국 떨어졌던 경험담을 소개하며 졸업생에게 이렇게 말했다.

"졸업생 여러분, 해냈습니다. 그리고 완전 망했습니다. 여러분은 뒷면에 '거절'이라는 단어가 적힌 티셔츠를 받게 될 겁니다. 하지만 앞에는 '다음'이라는 말이 적혀 있어요."

오디션에 많이 떨어지더라도 항상 "다음에(next)!"를 외치면서 힘을 내라고 조언을 해주었다. 미 시사주간지 《타임》은 로버트 드니로의 뉴욕대 축사를 '올해 최고의 졸업식 연설'이라고 평가했다.

내 능력의 1%를 다른 곳에 사용할 수 있는 기회가 있다면 누군가의 인생에 진한 감동을 주며, 행동이 변화될 수 있게 조언을 해주는 메신저의 삶을 살고 싶다. 그래서 직장생활을 하면서도 틈틈이 책을 읽고 나의 꿈을 향해 한걸음씩 내딛고 있다. 앞에서 직장인의 삶을 살면서 조직의 발전도 함께 이루어 나갈 수 있는 방법에 대해서 이야기하였다. 그래서 생애 첫 책인 『내 생애 꼭 하고 싶은 32가지』에서 나는 신용사회의 전도사가 되겠다고 말했다.

나의 마음 한가운데 자리 잡고 있는 버킷리스트를 소개하면 아래와 같다. 혹시 이 글을 읽고 나와 같은 생각이 있으면 언제든 연락해 주었으면 좋겠다. 함께 가면 쉬운 길이지만 혼자 가면 외롭고 어려운 길이기 때문이다.

(1) 신용컨설턴트가 되어 신용사회의 전도사로 활동하기

'신용'이라는 분야의 스페셜리스트가 되고 싶다. 궁극적으로는 대한민국 국민 모두가 신용사회의 구성원으로 성장할 수 있도록 돕는 헬퍼(Helper) 역할을 하는 것이다. 그것이 내가 현재 할 수 있고, 또 가장 잘할 수 있는 일이라고 생각한다. 우선, 국내에는 전무한 제대로 된 신용정보법 교과서를 저술해 보고 싶다. 그리고 우리나라 국민들이 신용문맹에서 벗어날 수 있도록 신용관리 노하우에 대해 강의하고 싶다. 그래서 대한민국 신용정보 분야의 최고 전문가로 인정받고 싶다.

『내 생애 꼭 하고 싶은 32가지』(위닝북스)에서 나는 다음과 같이 나의 꿈을 선포했다.

"서정현 작가가 쓴 『나만의 스토리로 승부하라』라는 책을 읽은 적이 있다. 그 책에서 작가는 '서른은 자신의 이름을 확실한 브랜드로 만들어 가는 과정'이라고 했다. 지금은 내가 회사라는 조직 안에서 회사의 브랜드 가치에 힘입어 살아가지만 언젠가 회사라는 울타리가 없어질 때 '나'의 경쟁력 있는 콘텐츠는 무엇일까를 생각해 본다. 아마도 내가 현재 걸어가고 있는 방향에서 답을 찾아야 되지 않을까 싶다. 내가 찾은 답은 '신용교육 컨설턴트'다. 초·중·고등학생, 대학생, 성인들에게 올바른 신용관리, 재무관리, 신용회복지원 등 체계적인 교육을 통해서 한국만의 신용문화를 만들어갈 신용사회의 구성원을 배출하는 전문가다."

지금 하고 있는 회사업무가 자기계발과 무관하지 않은 점에 감사할 때가 많다. 특히 주변 친구들 중에는 대기업에 취업하고 2~3년간 직장생활을 하다가 자기가 생각했던 인생이 아니라며 중도에 회사를 나오는 경우가 종종 있다. 의학전문대학원이나 로스쿨에 진학하여 의사나 변호사가 되겠다고 하면서 말이다.

이유가 무엇이든지간에 한번 흘러간 시간은 되돌릴 수 없다. 10대나 20대와 달리 30대에 접어들면서부터는 한 번의 선택에 따라 엄청난 손해를 감수해야 한다. 그런 점에서 내가 꿈꾸는 것들이 회사의 성장과 함께할 수 있다는 것은 다른 사람들이 누리지 못하는 축복임에는 틀림없다.

(2) 대통령 직속 청년위원회 위원으로 활동하기

나는 '평범함에 진심을 담으면 특별함이 된다'고 굳게 믿는다. 그래서 대한민국의 평범한 가정에서 나고 자란 내가 절망스러웠던 청춘의 시간을 이겨낸 경험이 누군가를 감동시키고 그들의 생각과 행동을 변화시킬 수 있다고 굳게 믿는다. 예전에 이런 생각을 해본 적이 있다. 내 삶의 궤적이 남들과는 많이 다르게 흘러가고 있다고. 그래서 언젠가는 나의 이야기를 전하며 지친 청년들을 일으켜 세우는 일을 하게 될 것 같은 생각이 들었다.

그래서 청춘 멘토로 활동하는 인물들을 롤 모델로 정해놓고, 그들을 닮아가려고 노력했다. 그중 두 사람을 소개하려고 한다. 먼저, 「구글」의 김태원은 이제 유명인사가 되어 이름만 들어도 우리들의 마음을 설레게 한다. 그는 구글에 근무하면서 대한민국 최고의 청춘 멘토로 왕성한 활동을 하고 있다. 다른 한 명은 제일모직에 근무하다 퇴사하고 『삽질정신』, 『보고의 정석』, 『기획의 정석』을 출간한 박신영이다. 그녀는 대학생들에게 더 잘 알려져 있다. 각종 공모전을 휩쓸다시피 한 그녀는 지방대 출신이라는 한계를 극복하고 지금은 대학생들의 청춘 멘토로 자리매김했다.

둘의 공통점은 무엇인지 아는가? 그들은 우리와 다른 DNA가 있다. 그것은 바로 꿈에 대한 '열정'과 꿈을 실현하기 위한 '도전 정신'이다. 최악의 실업난, 3포세대, 비정규직 문제 등 청년을 아프게 하는 일들 투성이다. 그런데 그 속에서 열정과 도전으로 똘똘 뭉쳐 이겨내는 이들이 있는가 하면 방향을 잃고 헤매는 사람들도 있다. 아마 후자가 더 많을 것이다.

내 경험을 돌이켜 보면 20대 청춘에게 필요한 것은 위로보다 마음을 나누며 공감해 주는 멘토의 존재다. 그들보다 먼저 길을 만들어 나간 이들의 이야기는 후배들에게 새로운 도전과 열정을 불어넣어준다. 기회가 된다면 상처뿐이었던 청춘의 이야기를 누군가와 나누고 싶다. 또 아는가? 나의 이야기에 감동한 누군가 나중에 UN 사무총장이 되고, 대통령이 되어 우리나라와 전 세계를 지금보다 더 아름답게 바꿀지 말이다.

오늘도 나는 눈을 감고 앞으로 펼쳐질 일들을 기대하고 상상해 본다. 대한민국 청년들과 소통하며 그들의 고민을 함께 고민하고 해결해 나가는 나의 모습을 말이다. 주제 넘는 조언이 아니라 내가 겪은 경험을 공유하는 것. 그리고 티칭이나 코칭이 아니라 같이 느끼고 소통하는 청춘 멘토 말이다.

(3) 대한민국 최고의 베스트셀러 작가되기

예전에 김정현 장편소설 『아버지』를 읽고 밤새 울었던 적이 있다. 중년의 아버지가 가족들로부터 단절되고 소외된 채 살아가다 췌장암 말기 선고를 받고난 후 가족들과 화해를 한다는 내용이다. 진부한 내용일 수 있지만 작가가 풀어나가는 이야기는 우리네 삶의 모습과 너무도 닮아 있었고, 그 사실적인 표현 때문에 밤이 가는 줄 모르고 깊이 몰입할 수 있었다.

어릴 적부터 나는 글쓰기를 좋아했다. 글이란 나의 마음과 상대방의 마음을 통하게 하는 통로이다. 나는 지식보다는 인생에서 겪게 되는 경험을 통해서 누군가에게 위로가 되고 희망이 되고 싶다. 나의 경험과 생각을 독자와 나누고 싶은데 어떤 방법이 있을까 고민했던 적이 있었는데 때마침 나의 곁에는 사람의 마음을 감동시키는 책이 여러 권 있었다. 그래서 책쓰기에 관심을 갖게 되었다.

책을 쓰기 위해서는 풍부한 경험과 지식이 필요하다. 물론 훌륭한 글솜씨도 필수이다. 하지만 무엇보다도 진심이 담긴 글이야말로 독자들의 공감을 불러일으킨다. 그래서 나의 글에 진심이 묻어 있다면 지금의 경험만으로도, 지금의 지식만으로도 누군가 나의 이야기에 공감하고 감동하면서 행동과 습관이 바뀔 수 있다고 믿는다. 나를 통해 변화되었다고 고백하는 사람이 있다면 그것만큼 큰 희열과 보람이 있을까?

바쁜 직장생활 속에서도 글을 쓰고 싶다는 열망은 더욱 강해졌다. 그래서 우연한 기회에 공저를 쓰게 되었는데 그것이 바로 내 첫 저서인 『내 생애 꼭 하고 싶은 32가지』이다.

아직은 걸음마 단계이지만 꾸준히 글을 쓰다 보면, 독자들의 마음을 움직이는 글쟁이가 될 거라 굳게 믿는다. 끝으로 지금 내가 써내려가고 있는 이 글이 지친 청춘들을 향한 첫걸음이 되길 기도해 본다.

당신도 신용관리의
고수가 될 수 있다

대부분 신용등급이 좋지 않아서 신용거래를 할 수 없다는 이야기를 듣기 전까지 신용관리의 중요성을 모르고 살아간다. 하지만 '신용사회'에서 대접받고 살기 위해서는 평소 신용관리를 생활화해야 한다.

전문직이나 고소득자는 금융기관으로부터 저금리에 돈을 빌리지만, 돈이 없고 빽도 없는 저신용자들은 고금리의 빚에 내몰리는 경우가 많다. 더욱 안타까운 것은 형편이 좋지 않은 사람들은 '엎친 데 덮친 격'으로 돈이 필요한 경우가 많이 발생한다는 데 있다. 가족이 아프거나 사업에 실패하거나 빚보증을 잘못서서 당장 돈이 필요한 경우가 그런 예이다.

만약 당신의 가족 중에 누군가 아파서 당장 병원에 입원해야 하는데 돈이 없다고 생각해 보라. 신용카드라도 있으면 할부결제가 가능한데 신용등급이 낮아서 신용카드도 발급할 수 없는 상황이라면 얼마나 답답할까? 아마도 다시는 신용을 잃고 싶지 않을 것이다. 그래서 '신용은 재산보다 소중하고 목숨과도 같은 것'이다.

이렇게 소중한 '신용'을 생활 속에서 관리할 수 있는 방법을 잠깐 소개하고자 한다.

Step 1. 현명한 소비습관을 갖자!

자신의 분수에 맞지 않게 신용카드를 사용하거나 무분별하게 대출(마이너스통장 포함)을 받으면 결국 연체로 이어져 신용등급이 하락하게 된다. 그래서 미래의 소득을 예측하여 현재의 소비 수준을 정하는 생활태도가 필요하다.

다음 달에 회사에 사직서를 내고 당분간 여행을 다니겠다는 직장인이 그동안의 스트레스를 명품 가방을 구입해서 날려버리겠다면 어떻게 될까? 아마도 할부대금 때문에 퇴직금을 다 쓰고 그것도 모자로 매달 청구되는 카드대금의 늪에서 벗어나지 못할 것이다. 합리적인 소비습관은 신용관리의 첫걸음이다.

Step 2. 신용등급을 정기적으로 확인하자!

주변을 둘러보면 본인의 신용등급과 대출 및 연체현황 등을 정확히 알고 있는 경우가 생각보다 많지 않다. 신용관리가 귀찮고 어렵게만 느껴진다면 인터넷 검색을 할 때 잠깐 시간을 내서 본인의 신용등급을 확인해 보면 어떨까?

대표적인 신용관리 사이트인 '마이크레딧'와 '크레딧뱅크'는 다양한 신용관리 서비스를 제공하고 있다. 신용등급/평점, 12개월간 신용등급/평점의 변동 추이를 확인할 수 있고, 금융권 단기(5영업일 이상), 장기(90일 이상) 연체내역도 열람 가능하다. 그리고 신용정보 변동사실을 이메일이나 문자(SMS)로 받아볼 수도 있다.

이들 사이트를 이용하면 연간 3회 무료로 본인의 신용정보를 열람할 수도 있으니 꼭 기억해 두었으면 좋겠다.

Step 3. 연체관리, 대출관리도 방법이 있다.

신용등급은 개인의 신용정보를 반영해서 산정한다. 따라서 대출발생, 연체발생, 상환내역 등을 통해 신용등급이 변경될 수밖에 없다.

그렇다면 신용등급을 관리하는 데 있어 가장 중요한 것은 무엇일까? 그것은 바로 '연체관리'이다. 특히 연체 빈도와 연체 기간은 신용등급에 비중 있게 반영되기 때문에 평소 신경 써서 관리를 해야 한다.

많은 금액을 한번 연체하는 것보다 작은 금액을 자주 연체하는 것이 신용등급에 더 부정적인 영향을 미친다. 그리고 다수의 연체 건이 있다면 '오래전에 발생한 연체'부터 갚아 나가는 게 좋다. 왜냐하면 오래전에 연체된 건이 최근 연체된 건보다 신용등급에 부정적인 영향을 주기 때문이다.

다음으로 '대출관리'가 필요하다. 연체 없이 상환이 가능한 수준으로 대출을 받아야 한다. 그리고 대출에도 우선 순위가 있다는 것을 꼭 기억해 두자. 먼저 자신의 급여와 신용등급을 확인한 후 은행과 같은 제1금융권에서 대출을 받도록 하고, 자격 조건이 되지 않을 경우 캐피탈, 저축은행 같은 제2금융권을 이용해야 한다. 만일 제2금융권에서도 대출을 받을 수 없는 경우라면 대부회사에서 대출을 받아야 하는데 이 경우 금리가 높다는 사실에 주의하기 바란다.

마지막으로 상환에 대해서 알아두어야 할 점이 있다. 연체된 이후에 모두 갚게 되더라도 바로 신용등급이 상승하지 않는다. 왜냐하면 연체가 된 후 상환하더라도 최대 5년까지 연체정보이력을 신용등급 산정에 활용할 수 있기 때문이다.

Step 4. 잘못된 신용정보는 삭제나 정정을 요청하자!

본인정보 열람사이트인 '마이크레딧'이나 '크레딧뱅크'를 통해 자신의 신용관리를 하게 되면, 잘못 등록된 신용정보를 즉각 정정하거나 삭제할 수 있다. 예를 들어 누군가 당신의 주민등록증을 위조한 후 명의를 도용해서 금융기관으로부터 대출을 받았다고 생각해 보자. 명의도용자는 대출을 받은 후 상환을 하지 않기 때문에 당신 이름으로 연체가 발생할 것이다.

연체가 발생하면 해당 금융기관은 은행연합회와 신용조회회사에 당신을 채무불이행자로 등록하게 된다. 채무불이행자로 등록이 되면 신용등급이 하락하여 신용카드 발급이나 대출받는 것도 쉽지 않다. 따라서 당신의 신용정보가 잘못되어 있는 것을 확인하였다면 해당 금융기관에 그 사실을 알려서 잘못된 정보를 삭제하거나 정정해야 한다. 당신의 정보는 당신 스스로 지켜야 한다는 것을 명심하자.

Step 5. 신용등급, 4가지 Key로 관리하자!

신용조회회사 사이트를 방문하면 신용평점과 등급을 결정짓는 평가요소를 공개하고 있다. NICE평가정보 홈페이지에 공시하고 있는 신용평점 및 등급 산출 요소는 다음과 같다.

평가요소	평가 요소의 상세 내용	활용 비중
채무상환이력정보	현재 연체보유 여부 및 과거 채무 상환 이력	40.3%
현재부채수준	대출 및 보증금액, 신용카드 이용액	23.0%
신용거래기간	최초 또는 최근 개설로부터 기간	10.9%
신용형태정보	신용거래 종류, 상품별 건수 및 활용비중 등	25.8%

* 신용조회정보는 2011년 10월부터 신용평가에 반영하고 있지 않음

Step 6. 연체 없는 신용거래는 신용등급에 '약(藥)'이다

우리는 신용사회에서 다양한 신용거래를 경험하고 있다. 신용등급이나 평점은 현재의 대출 및 연체현황뿐만 아니라 과거의 신용거래이력을 고려해서 당신이 신용거래를 할 수 있는 사람인지 판단할 수 있는 지표이다. 따라서 현금거래만 고수하고 대출이나 신용카드 사용을 전혀 하지 않는다면 신용등급 산출에 필요한 정보가 부족할 수 있음을 기억해야 한다.

적정한 규모의 대출을 받고 연체 없이 꾸준하게 신용거래를 하면 신용등급에 긍정적으로 반영이 된다. 그리고 최근 정부정책에 따라 신용카드 대신 체크카드를 사용하는 경우가 증가하고 있는데 체크카드도 신용카드와 동일한 수준으로 일정 금액 이상 지속적으로 사용하면 개인신용평가에 긍정적으로 반영되고 있다.

Step 7. 매월 결제는 자동이체를 이용하자!

매월 고정적으로 자금이체가 필요한 경우가 있다. 신용카드 이용대금, 핸드폰 요금, 대출이자, 렌탈료 등이 그런 예이다. 해외출장이나 이사 등의 사유로 정해진 날에 수수료 및 이용요금을 납부하지 못하는 경우가 발생하는데 소액연체라도 연체금액이 10만 원 이상이 되면 신용평가에 불이익하게 반영될 수 있으니 미리 은행에 자동이체를 신청해서 불이익을 당하지 않도록 하자.

Step 8. 신용관리의 마무리, 명의도용 차단!

최근 개인정보 유출로 인해 2차 피해가 발생하는 경우가 늘고 있다. 평소 신용관리가 필요한 이유가 여기에 있다. 이때 본인의 신용관리 및 가족 구성원의 신용관리 서비스를 이용하면 효과적으로 피해를 예방할 수 있다. 특히, 군 입대자나 재소자와 같이 일정 기간 사회와 격리된 채 살아가야 한다면 필수적으로 명의도용 차단 서비스를 이용해서 자신도 모르게 발생하는 연체 등 신용문제를 예방할 필요가 있다.

부록 2

신용등급관리 10계명
(금융감독원)

[신용거래 이전 단계]

인터넷, 전화 등을 통한 대출은 신중하게 결정하자!

ㅇ 신속성 및 편의성 때문에 받은 인터넷이나 전화 등을 통해 받은 대출 또는 현금서비스 등은 과거 부실률이 높게 나타나 CB사가 위험도를 높게 평가되는 경우가 많으므로 비록 연체가 발생하지 않더라도 이러한 대출을 이용한 사실만으로 신용등급이 하락하는 사례가 많음

→ 긴급자금이 필요한 경우를 제외하고는 다소 불편하더라도 금융회사를 방문하여 일반대출을 이용할 필요

건전한 신용거래 이력을 꾸준히 쌓아가자!

ㅇ 개인신용등급은 개인의 과거 신용거래 실적 및 현재 신용거래 내용을 바탕으로 평가되므로 신용거래가 거의 없는 금융소비자의 경우, 개인신용등급 평가 근거 부족으로 높은 신용등급을 받기 어려움

→ 개인신용등급을 잘 받기 위해서는 연체 없이 대출거래, 신용(체크)카드 이용 등 신용거래 실적을 꾸준히 쌓아갈 필요

갚을 능력을 고려하여 적정한 채무규모를 설정하자!

○ 과다한 채무를 보유하게 될 경우 연체위험이 상승한 것으로 평가되어 개인 신용등급이 하락하게 되므로 새로운 대출을 받게 될 경우 개인신용등급 하락에 따른 대출금리 상승 등으로 인해 이자부담 등이 증가할 수 있음

→ 본인의 소득규모, 기본적 생활비용 등을 감안하여 감내할 수 있는 수준의 채무규모를 설정하고 동 수준 내에서 대출 및 신용카드 등을 이용할 필요

주거래 금융회사를 정하여 이용하자!

○ 주거래 금융기관을 정해서 이용할 경우 해당 금융기관의 내부신용등급에 긍정적인 영향을 미치게 되므로 금융거래 시 우대금리 적용, 수수료 면제 등의 혜택을 받을 수 있음

→ 주거래 금융기관을 지정하여 신용거래 등을 집중할 필요

타인을 위한 대출보증은 가급적 피하자!

○ 타인의 대출에 보증을 서는 경우, 이러한 보증내역이 CB사에 집중되어 개인신용등급에 반영되므로 주 채무자가 연체하지 않더라도 보증인의 개인신용등급이 하락하거나 본인의 대출한도가 줄어들 수 있음

→ 타인에 대한 보증은 불가피한 경우로 제한할 필요

【신용거래 단계】

주기적인 결제대금은 자동이체를 이용하자!

O 카드 이용대금, 통신요금 등에 대한 소액, 단기연체의 경우 발생 횟수가 증가하게 되면 개인신용등급 하락을 초래하게 되므로 출장, 부주의 등으로 인한 연체 발생을 방지하기 위하여 자동이체를 활용하는 것이 바람직함

→ 자동이체를 활용하되, 미리 통장 잔액을 확인할 필요

연락처가 변경되면 반드시 금융회사에 통보하자!

O 금융회사에 주소, 이메일, 전화번호 등의 변경을 통보하지 않는 경우 청구서가 제대로 전달되지 않고 연체가 발생하더라도 금융회사로부터 안내를 받지 못하는 경우가 발생하게 됨

→ 연락처가 변경된 경우 반드시 금융회사에 미리 통보할 필요

연체는 소액이라도 절대로 하지 말자!

O 연체정보는 개인의 신용등급 평가에 가장 부정적으로 영향을 미치는 요소이기 때문에 일단 소액이라도 연체가 발생하면 이를 상환하더라도 그 후 오랫동안(3~5년) 본인의 개인신용등급 평가에 불이익 정보로 반영되므로 유의할 필요

→ 계획적이고 합리적인 소비를 생활화하여 소액이라도 절대 연체가 발생하지 않도록 관리할 필요

연체 상환 시에는 오래된 것부터 상환하자!

ㅇ 여러 건의 연체가 발생한 경우 연체기간이 길수록 개인신용등급에 불이익을 많이 주게 됨

→ 다수의 연체 건이 있는 경우 가장 오래된 연체 건부터 상환함으로써 연체정보로 인한 개인신용평가상 불이익을 감소시킬 필요

본인의 신용정보 현황을 자주 확인하자!

ㅇ 금융소비자는 CB사에 집중된 본인 신용정보의 정확성 점검 등을 위해 4개월에 1회 무료로 열람할 수 있음

→ 무료열람권 등을 적극 활용하여 본인 신용정보의 정확성을 정기적으로 확인할 필요

희망 없이 산다는 것,
그것만큼 나쁜 것은 없다

먼저, 이 책을 쓰는 동안 저에게 지혜와 명철을 부어주신 하나
님께 감사드립니다. 지난 저의 인생을 돌이켜 볼 때 어느 것 하나
도 당신의 돌봄이 없었던 것이 없었음을 고백합니다. 때로는 우
리 가족이 세상에 버려졌다는 생각에 분한 생각을 마음속에 품기
도 했지만 오로지 감사함으로 이 모든 것들을 받아들일 수 있게
하심에 감사드립니다.

"이는 내 생각이 너희의 생각과 다르며 내 길은 너희의 길과 다
름이니라. 여호와의 말씀이니라. 이는 하늘이 땅보다 높음같이
내 길은 너희의 길보다 높으며 내 생각은 너희의 생각보다 높음
이니라." (이사야 55:8-9)

누구나 꿈을 꾸지만 꿈을 이루기 위해서 실제로 행동으로 옮기
는 경우는 많지 않습니다. 처음 제 이름으로 된 책을 쓴다고 했을
때 주변에서는 '조금 쓰다가 말겠지.' 하고 생각하거나 비웃는 사

람도 있었습니다. 하지만 직장인들이 불금(?)이라고 부르는 금요일 퇴근 후부터 새벽까지 주중의 업무 스트레스를 술과 유흥으로 보내지 않고 온전히 글을 쓰는 데 열중하여 이렇게 제 이름으로 된 책을 세상에 내놓을 수 있었습니다. 평범함을 특별함으로 바꾸기 위해서는 이런 작은 생활 속 실천이면 충분하다는 것을 이번에 다시 깨닫게 되었습니다.

이 책은 저의 지식과 배경을 누군가에게 뽐내려고 펴낸 것이 아닙니다. 평탄한 길을 걷던 제가 어두운 터널을 지나면서 수많은 시행착오를 겪었지만, 결국 흔들림 없이 터널을 통과할 수 있었던 비결을 여러분들과 나누고 싶다는 작은 소망에서 시작되었습니다. 제 이야기가 누군가에게 희망의 불꽃이 되어 그분 인생을 활활 타오르게 한다면 더할 나위가 없겠고요.

책을 쓰면서 지나온 시간들을 돌아볼 수 있었고, 가족의 소중함을 느끼는 소중한 경험을 하였습니다. 그리고 지금까지 살면서 내가 사회로부터 얼마나 많은 사랑을 받았고, 배웠는지 깨달았습니다. 요즘 많은 사람들이 '어렵다', '힘들다', '괴롭다', '견딜 수 없다' 등 부정적인 이야기를 입에 달고 삽니다. 자신을 둘러싼 환경을 핑계 삼아 그런 말들을 합리화하면서 말입니다.

하지만 주어진 상황은 바뀌지 않고, 다만 우리가 변해야 합니다. 데일 카네기는 "운명이 레몬을 주었다면 그것으로 레몬에이드를 만들기 위해 노력하라."라고 말했습니다. 주어진 인생을 아름답게 살아가는 것은 결국 우리의 몫이니까요.

저는 또 다른 꿈을 갖고 있습니다. 만일 내 삶의 1%를 무언가에 사용할 수 있다면 주저함 없이 좌절하고 힘들어하는 청춘들을 일으켜 세우는 멘토로 살고 싶다고 말할 것입니다. 왜냐하면 제가 20대를 거치면서 가장 필요로 했던 사람이 그들이었으니까요.

어릴 적 감명깊게 읽었던 『7막 7장』의 주인공. 홍정욱 전 국회의원의 이야기를 잠깐 소개합니다. 그는 세계를 향한 꿈과 도전을 어린 저의 마음에 심어 주었습니다. 그의 어머니는 15살의 어린 홍정욱 씨가 미국유학길에 오를 때 손글씨로 2개의 구절을 써주었다고 합니다. 그리고 그는 이 2개의 구절을 평생 마음에 새기며 살고 있다고 합니다. 하나는 라파엘더 에멀슨의 "길이 있는 곳으로 나가지 말고, 대신 길이 없는 곳으로 나아가 너의 발자취를 남기라"라는 것이고, 다른 하나는 신명기 28장 1절 "네가 네 하나님 여호와의 말씀을 삼가 듣고 내가 오늘 네게 명령하는 그의 모든 명령을 지켜 행하면 네 하나님 여호와께서 너를 세계 모든 민족 위에 뛰어나게 하실 것이라"입니다. 지금 걸어가는 길이 다른 누군가의 길과 다르다면 여러분은 제대로 걸어가고 있는 것입니다. 그러니까 너무 불안해하지 말고 묵묵히 자신이 걸어온 길을 계속 나아갔으면 좋겠습니다. 글을 마무리하면서 20대를 먼저 경험한 인생 선배로서 아픈 청춘들에게 부끄럽지만 작은 조언을 드리고 싶습니다.

"여러분은 지금 생각하는 그 모습대로 될 것입니다. 그러니까 자신을 소중히 여기세요. 나폴레온 힐은 누구나 자신의 마음을 믿는다면 그 마음이 성취를 도울 것이라고 했습니다. 자존감이야말로 자신의 인생을 책임지겠다는 자신감의 표현입니다. '취업이 되지 않는다고', '좋은 대학에 가지 못했다고', '계약직 신분이라고' 자신을 자책하지 마세요. 인생이란 마라톤은 당신이 생각하는 것보다 길고도 험합니다. 젊은 청춘들에게 실패란 없습니다. 다만 성공을 위한 시행착오만 있을 뿐입니다."

고난은 피해야 하는 장애물이 아니라
극복하면 더 좋은 것을 가져다주는 선물입니다

– 권선복(도서출판 행복에너지 대표이사,
대통령직속 지역발전위원회 문화복지 전문위원)

　세상을 살아가면서 항상 맑은 날만 온다면 좋겠지만 현실은 그렇지가 못합니다. 어쩌면 궂은 날이 더 많은 것처럼 느끼는지도 모르겠습니다. 이 세상에 태어나 성공하고 싶지 않은 사람은 아무도 없습니다. 그렇기에 때때로 찾아오는 고난이란 불청객은 우리의 발목을 붙잡는 장애 요소로만 보입니다. 그것은 도저히 극복할 수 없는 거대한 장벽처럼 느껴지기 때문입니다. 하지만 젊어서 고생은 사서도 한다는 옛말을 거울삼아 독자 여러분들에게 긍정의 힘을 불어넣어드리고자 출판을 결심하였습니다.

　저자 또한 고난 가운데에서 극심한 절망과 실패를 경험했던 사람입니다. 22살에 아버지를 여의고 끊임없이 가난과 맞서 싸워야 했고 늦은 나이에 군 입대를 하여 갖은 고초를 겪어야 했습니다. 하지만 그 가운데에서도 저자에게는 한 가지 믿음이 있었습니다. 지금 겪는 어려움이 자신을 더욱 성장시켜주는 기회가 될 것이라고 말입니다. 즉, 고난은 피해야 하는 장애물이 아니라 극복하면 더 좋은 것을 가져다주는 선물임을 깨달았던 것입니다. 그렇기에 역경 가운데에서 우리는 낙심하지 않고 한층 성장할 자신의 모습을 기대하며 앞으로 나아갈 필요가 있습니다. 특히나 인세 전액을 국제이주기구에 전액 기부하겠다는 아름다운 마음을 가진 감민철 저자에게 힘찬 응원의 박수를 보내 드립니다.

『그대, 늦었다고 걱정 말아요』는 대학을 졸업했지만 취업하지 못해 실의에 빠진 젊은 세대들에게 용기를 북돋아주는 책입니다. 큰 그릇은 늦게 만들어진다는 대기만성(大器晚成)이란 말이 있듯이 목표를 향해 꾸준히 노력하면 좋은 결과가 있을 것임을 믿어 의심치 않습니다. 바로 이 책이 방황하는 젊은이들에게 큰 위로와 희망을 줄 수 있기를 기대해보며 모든 독자들의 삶에 행복과 긍정의 에너지가 팡팡팡 샘솟기를 기원드립니다.

제4차 일자리 혁명
박병윤 지음 | 15,000원

JBS일자리방송의 박병윤 회장이 전하는, '일자리 혁명을 통해 선진국으로 도약할 대한민국의 청사진'을 담은 책이다. 현재 대한민국의 일자리 문제가 현 정부에서 추진하는 창조경제 정책이 올바로 시행되지 않고 있음에서 그 원인을 찾고 '방통융합 활용 일자리창출 콘텐츠'의 실행을 통해 일자리 혁명을 일으켜 해결책을 찾을 것을 제안하고 있다.

금융회사의 내부통제
김양권 지음 | 25,000원

선진은행들은 우리나라보다 더한 성과주의 문화 속에 살고 있지만 그들의 금융사고는 우리보다 훨씬 적다고 한다. 이 책은 그 이유는 무엇인지를 세심히 살펴보고, 오랫동안 선진국의 금융관행을 보고 배웠음에도 우리 금융회사들이 놓치고 있는 것에 대해 제시한다.

귀뚜라미 박사 239
이삼구 지음 | 17,000원

저자는 '귀뚜라미'가 지금의 대한민국 실정에 가장 적합한 미래인류식량이라고 강력히 주장한다. 단백질, 비타민, 무기질, 불포화지방산 등 영양소가 풍부하게 함유되어 있기 때문이다. 이렇게 영양학적으로 완벽하고 환경친화적인 귀뚜라미는 향후 발생할 식량위기에 대처하는 데 최적의 상품임을 이 책은 말하고 있다.

신입사원은 무엇으로 성장하는가
홍석환 지음 | 15,000원

저자는 30년 동안 인사 분야 전문가로 삼성, GS칼텍스, KT&G와 같은 대기업에서 근무해 왔다. 다양한 인사 경험과 이론을 쌓고 자신만의 컨설팅을 바탕으로 사회 내에서 자신의 자리를 공고히 하는 데 힘써온 사람이다. 그의 이러한 노하우가 담겨있는 인사교육 현장의 목소리에 우리는 귀 기울여야 할 것이다.

사랑해야 운명이다
김창수 지음 | 값 12,500원

책 『사랑해야 운명이다』은 2015 한국HRD대상 명강사 부문 대상 수상자이자 희망아카데미 대표인 김창수 저자의 '세상을 향한 따뜻한 사랑을 담은 시집(詩集)'이다. 독자의 마음에 깊은 흔적이 아닌, 가만히 가져다대는 따뜻한 손과 같은 온기를 전하며 "살아 있는 한, 희망은 유효하다."라는 평범한 진리를 진솔한 목소리로 노래한다.

리콴유가 말하다
석동연 번역 · 감수 | 값 17,000원

이 책은 하버드 대학의 그래엄 앨리슨 교수, 로버트 블랙윌 외교협회 연구위원이 리콴유 전 총리와의 인터뷰, 그의 저서와 연설문을 편집하여 출간한 책이다. 총 70개의 날카로운 질문에 리콴유는 명쾌하고 직설적이며 때로는 도발적으로 답변한다. 도처에 실용주의자로서의 그의 진면목이 잘 드러나 있으며 깊이 있는 세계관과 지도자관을 음미할 수 있다.

대한민국을 읽다
김영모 지음 | 값 15,000원

『대한민국을 읽다』는 1934년부터 1991년까지의 대한민국, 그 생생한 역사의 주요 현장을 도서와 문서 자료를 통해 들여다본 책이다. 25년 가까이 국회도서관에서 근무를 했고 출판사의 대표직을 맡으며 평생 책과 함께해 온, 지금도 산더미처럼 쌓인 책의 틈바구니에 간신히 몸을 밀어 넣어 책과 씨름하고 있는 한 독서인의 뜨거운 열정을 고스란히 담고 있다.

도담도담
티파니(박수현) 지음 | 값 15,000원

『도담도담』은 종로 YBM어학원에서 16년째 강의를 하고 있는 인기강사 '티파니' 박수현이 2030 청년들에게 들려주는 행복의 메시지다. 때로는 두 손을 꽉 붙잡고 어깨를 도닥여주는 위로를, 때로는 정신이 번쩍 들게 하는 일침을, 때로는 경험에서 진득하게 우러나온 조언을 친근한 언니 혹은 누나의 목소리로 전하고 있다.